銀行理專
不能說的秘密

掏金夢碎，欲哭無淚……投資人無力面對的TRF之亂

A CANARY
IN A COAL MINE

周冠中 ｜ 著

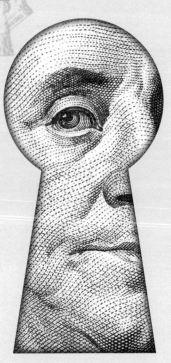

｜自序｜

　　本書的誕生，要回溯到 2015 年 11 月底，一位台中友人李文洲（我習慣叫他李老大），特地從台中搭高鐵約我在台北車站 2 樓的微風廣場碰面，我們找了一間速食店，各自點了一杯熱咖啡，我好奇地問李老大：「到底發生什麼事，讓你那麼慎重地跑來台北找我？」李老大拿起擺在桌上的《商業週刊》，當期封面標題為〈一位董娘的控訴……〉請我仔細閱讀。我一臉疑惑，心想李老大個性漂泊幽默，什麼事情讓他如此嚴肅？

　　我前後共花了 20 分鐘看完這篇報導，覺得整件事情就是一個誇張，銀行到底賣了什麼商品，可以讓人損失慘重幾乎傾家蕩產？甚至逼得這位愛面子的董娘不畏眾人議論，也要勇敢站出來控訴銀行的惡行？

　　李老大說：「他公司總經理 Chris 目前也和《商業週刊》報導的這位董娘一樣，遭遇類似的慘狀。Chris 和 C 銀行交易理財投資商品已經有一、二年，理專初期介紹他購買的商品即便有賺有賠，但大多還在可理解與容許的範圍內。直到 2014 年 9 月某日，C 銀行客戶關係經理（Relationship Manager；RM）**1** 帶著銀行高層和交易室理專（TMU 或稱 TMO）**2** 特別來拜訪 Chris，高層、RM 和交易室理專；三人你一言我一語的，大力鼓吹推銷某種號稱「一開始就可以收取權利金，『穩健獲利』，幾個月之內就可以獲利出場，年化報酬率相當高」的金融商品。強調只要 Chris 在 C 銀行增加質押擔保金額，銀行願意增加信用額度，讓 Chris 擁有足夠的額度去購買這種商品，不用本錢。

　　「不用本錢」！我訝異地問。李老大：「對，不用支付半毛錢，只要在銀行有額度就可以交易」。李老大接著說：「Chris 購買這種商品之後，公司財務豬羊變色，他從此過著惶恐不安的日子，每個月都得眼睜睜賠上幾萬到幾十萬的美金給銀行，…」。我又禁不住插嘴：「美金」！李

老大回答說：「對，美金」。李老大接著說：「而且還不能停損，一定要比到最後一期契約才能結束」。聽到這裡，我已經一頭霧水，一堆「？」和「！」在我的頭上轉來轉去。李老大沒有理會我頭上的一堆問號，繼續說道：「而且銀行動不動就發通知要 Chris 增補一百多萬美元的保證金，甚至恐嚇 Chris 若不繳保證金，就要強制平倉。」

說到這裡，李老大特有的氣魄一下子就冒出來了，他把 C 銀行從董事長到理專用流利的台語罵了一遍，再從 RM 到獨立董事，連批帶罵地詛咒了一遍。然後才嘆了一口氣說：「若再這樣賠下去，Chris 的公司就要倒閉了，公司一堆人要回家吃自己，所以需要找一個懂法律、有經驗，可以全心投入研究這個案子的人來幫忙，想辦法把虧損的錢要回來⋯⋯。」

這時我才明白，李老大這次來訪的目的就是要請我幫 Chris 好好研究這個投資理財商品，因為 Chris 懷疑銀行 RM 當初來推銷這項商品時，提供的徵信、授信文件都有動過手腳，因此要我想辦法向銀行索取當初徵授信文件和簽約資料，研究分析當初銀行指派的 RM 和理專提供的文件資料、電子郵件商品介紹內容是否有誇大不實、詐騙、隱匿或違法的可能，Chris 希望未來能夠藉此向銀行討回公道。

我問李老大為什麼會想到找我？畢竟滿街都是律師，為什麼不直接找台中的律師向銀行提告？李老大回應我說道：「其實已經找過好幾位律師了，但竟然沒有律師知道什麼是『目標可贖回遠期契約』[4]？更沒人聽過 TRF，而這個商品目前也沒有律師告贏銀行的相關判決⋯⋯」他因為知道我十幾年前在亞泥子公司亞東預拌擔任過法務主管，並曾在沒有請律師協助的情形下，擔任亞泥訴訟代理人，在刑事和民事都告贏華僑商業銀行的實績，故而想藉由我在這方面的經驗以及對銀行的瞭解，大家一起協

助 Chris 處理這件當時沒有多少人能擺平的理財投資爭議。

記得 2015 年 12 月初的一個下午，約莫一點半，李老大到台中高鐵站接我，愛飆車的他以 140 公里的車速，不到 20 分鐘就到了台中大里環中東路的一家紡織廠。李老大將他的愛車賓士大水牛開進廠區裡的一角，放眼望去一座日式風格的舊式庭院映入眼底，這應該是傳統的家族企業，雖然我從未在家族企業任職過，但當我踏上這間紡織廠的廠區呼吸到的第一口空氣，已可感覺到這間家族企業的獨特文化。

李老大領我沿著庭院旁左邊車道的邊緣往前走，看到一棟作為辦公室的古老平房，還可以看到傳統的綠色紗窗門……，這樣的辦公室風格，讓我當下猜測屋主應該是位嚴肅、傳統、簡約、樸實和不苟言笑的人。

正當李老大拉開辦公室的紗窗門，伴隨著嘎嘎作響的轉軸聲，這真是一間頗有歷史的建築物，進入辦公室的感覺是燈光昏暗，完全沒有現代感更沒有裝潢過，只看到大約有五、六位員工面無表情地抬頭看看我們。本想和大家打個招呼，但這樣的氛圍，為免尷尬我也就只能當作沒看到，繼續往裡面走。員工辦公室的後面有一房間，牆面是一個大玻璃窗，可以從裡面看到外面人員的一舉一動，我想這應該就是總經理 Chris 的辦公室。

此時，Chris 已經坐在位子上，辦公室更是昏暗，如不仔細看還以為沒開燈。見到 Chris 的第一眼，果真如我所想像的，是個不苟言笑的富二代，完全沒有禮貌性的寒暄，直接拿出二大箱的文件，簡單說明事情始末，對話的內容主要在宣洩對 C 銀行 RM 和理專的不滿，並要我在最短的時間內把事情搞清楚。與 Chris 晤談不到 20 分鐘的過程，我可以強烈感受到他對 C 銀行的憤怒與怨懟，以及目前必須持續比價交割，每月支付鉅額虧損的不安。

　　就在這樣因緣際會下，我一腳踏入協助投資人與國內多家銀行交手的起點。

　　而在協助投資人整理資料和銀行交手的過程，遭遇到許多困難與阻礙，讓我起心動念寫下這本書。除了記述我這些年協助幾位投資人釐清真相、爭取權益的艱苦歷程，也希望能讓更多人瞭解，透過銀行理專進行理財投資時，必須懂得防備行員利用客戶信任與職務之便上下其手，更在提醒投資人要懂得判斷真正適合自己投資的商品，以及如何確保自己法律上的權益。

周冠中

註釋

1. 銀行客戶關係經理（Relationship Manager；一般簡稱 RM）屬於銀行法人金融部門成員，主要工作包括：開拓客戶及業務、評估授信風險、為客戶建構個別額度內容、談判合約條件，如放款、進出口授信、聯貸及代償等業務（資料來源：貸款先生＊金融白話 2019.12.30）。

2. TMU（Treasury Marketing Unit）或稱 TMO（Treasury Marketing Officer）：為通俗起見，在本書中統稱為「理專」。銀行法人金融分兩個層面，一是客戶端，負責客戶關係管理，也就是前面提到的 RM；當客戶有購買金融商品需求時，便由 TMO 負責協助商品詢價。TMO 主要工作即針對客戶的資金情形，找尋適合的金融商品，更新市場資訊，媒合交易。
   （資料來源：《求職策》。http://www.guidemycareers.com/2013/12/tmu.html?m=1）。

3. 強制平倉：是指當淨值（權益數）低於最低保證金時，將未平倉部位強制結算的一種機制。強制平倉雖說是一種保護投資者的機制，但執行強制平倉的動作會造成龐大損失。因此，強制平倉對交易者來說不是好事。
   （資料來源：http://www.oanda.com/bvi-ft/lab-education/dictionary/.qiang_zhi_ping_cang/.）。

4. 目標可贖回遠期契約：包含一系列不同到期日的選擇權組合，每一到期日包含：買入 1 單位的選擇權、賣出 2 單位的選擇權（資料來源：《專家報告書》/ 中央大學財金系吳庭斌教授 2022.04.07）

5. TRF 是目標可贖回遠期契約（Target Redemption Forward）的英文縮寫，銀行大多簡稱為 TARF。

| 前言 |

重視風險更甚於獲利

關於以理財投資糾紛為題材的戲劇或著作，近年較著名的有 2011 年香港導演杜琪峰執導的電影《奪命金》，其中一幕飾演理專的何韻詩，因為業績壓力與獎金誘惑，用不當話術誘導一位擁有上百萬港幣銀行存款的中年退休婦人，購買超過自己風險屬性等級和風險承受能力的基金，老婦最終慘遭套牢，僅存的退休金將化為烏有，婦人想死的心都有。另有一部 2014 年上映的韓國電視劇《改過遷善》，則是描述韓國金融圈大量銷售名為 KIKO 的商品重創造船業的故事。

這兩部電影的情節，在台灣也曾活生生、血淋淋的真實上演，分別是 2008 年的連動債[1] 和 2015 年人民幣 TRF 糾紛[2]。這兩次金融風暴，受影響的金融消費者和投資人範圍相當廣泛，有市井小民、一般上班族、退休人員、家庭主婦、中小企業老闆和工廠老闆；有大字不識幾個的長輩和學有專精的留美碩士，從北到南遍及全省各階層成千上萬的受害人。

究竟連動債和人民幣 TRF 在台灣發生了什麼事？為什麼連動債發生糾紛後，事隔沒幾年又會發生人民幣 TRF 爭議？相關法令究竟出了什麼問題？銀行行員又做了哪些不當行為？金融消費者和投資人忽略了什麼，才會造成這樣的後果？甚至是主管機關該如何介入？金融消費者和投資人又該如何自我救濟？結果如何？

……一連串的問號，對於不論過去、現在或未來，有透過銀行進行理財需求的人們，無人可以置身事外，更無法漠不關心。因為這些都攸關投資人能否正確選擇商品，確保自身投資權益的關鍵。

　　現任金管會主委黃天牧先生，對於銀行弊案頻傳表示「深惡痛絕」，黃主委曾說過：「誠信是銀行存在的核心價值」。然而實務上並不是那麼一回事，理專因為業績壓力或高額獎金，把客戶利益置於利潤獎金之後，唯利是圖，往往不擇手段，透過各種不當手法或誇大不實的話術欺瞞客戶。近幾年就有許多中小企業老闆和一般財力較為雄厚的個人，在銀行客戶關係經理（RM）和理專聯手設計的套路下投資特定商品，最後導致眾多投資人鉅額虧損。

　　然而事情發展至今，台灣投資人卻依舊得不到政府給予應有的保障與司法公平的對待。故而本書將以此為例，說明銀行這個產業漸漸淪喪的職業道德，同時檢討政府相關部門及法規缺失，提醒讀者們在透過銀行進行理財投資時，務必要注意的細節與保全相關證據。

　　本書第一部分（Part Ⅰ），我將以真人實事，帶領讀者深入體認台灣版的「奪命金」究竟是怎麼演的？讓大家感受銀行 RM 和理專如何聯手設計投資人？理專又是如何引誘投資人承作不適合自己風險屬性的商品？以及銀行嗣後一連串導致投資人重大財物損失的所作所為，如何釀成投資人終生難忘的惡夢？畢竟金融風暴再起，政府態度被動消極，就保障與維護投資人權益這件事上根本毫無實質作為，逼迫大家只能自己組成自救會，並在受盡各方刁難的情形下，辛苦爭取原本應有的權利。

　　第二部分（Part Ⅱ），則是揭發為什麼台灣金融投資爭議一再重蹈覆轍的真相？投資人的投資噩夢何時方休？金融爭議到底是黑心商品還是黑心銀行造成的？投資人應該如何自保？以及近乎失能的金融監理和無法期待的投資保障，社會大眾應該如何因應？

　　和一般坊間陳列的投資理財書籍不同，本書不是在教如何投資發財，而是將本人自 2015 年底開始，協助客戶爭取權益過程中親身經歷的故事，逐一寫下……。其中包括協助自救會成員蒐集證據、陳情、談判、仲裁和訴訟等歷程的經驗與心得，盡可能地忠實且完整地呈現。

　　這是一本結合基本法律概念和最貼近真實的金融實務書籍，作者藉由近身參與金融商品投資人與銀行爭議觀察所得，記錄下這段經歷的所見所聞。同時，反思整體事件法界和金融界，掌握權力的法律人、金融主管機關與銀行高層，面對和處理爭議時的心態。

　　本書一方面藉由書中人物的慘痛投資經驗與爭取權益的過程，提醒一般人透過銀行進行投資理財時，不要一味只在乎會有多少獲利和分紅。相反的，客戶的風險屬性 3、風險承受能力 4、商品適合度 5、銀行風險告知 6 的真實性與準確性 7 等事項，其重要性應該更勝於預期的獲利。另一方面，透過本書瞭解並學習和銀行往來時，簽署文件應該注意到的細節，選擇商品要符合自己的風險屬性和風險承受能力，回答銀行制式錄音的風險說明與告知，一定要充分瞭解理專表達的意思，千萬不能被一連串的「風險形容詞」給矇混帶過，聽不懂的內容，也不要隨意聽信理專的誘導，硬是回答「明白，瞭解」。要知道，這句「明白，瞭解」和所謂的「例行公事」可都是「呈堂證供」。投資任何商品時，一定要釐清商品的遊戲規則與特性，不懂就千萬不要輕易嘗試。

　　坊間還有許多法律書籍，都會教導如何「依法」主張權利和銀行打這種投資糾紛的官司，以為依據這些法律書籍的指導，透過法律訴訟就能找到真相與正義。然而，實務上並非如此樂觀，本書透過真人實事尋求司

法救濟的艱辛歷程，告訴讀者與銀行的投資糾紛，要想在台灣獲得真相、公平與司法正義，恐怕距離這樣的期待還很遙遠。需要有人揭露真相，才能讓相關主管機關、司法單位甚至銀行業能夠深自反省，並獲得社會大眾的重視。

　　台灣金融秩序的健全發展與維護，需要主管機關、立法院、銀行、檢調單位、司法機關、媒體輿論、投資人和社會大眾共同努力，我們真的不希望臺灣再有一窩蜂投資人受到黑心銀行和不良商品的戕害。

　　因為涉及當事人的意願與隱私，故而在不影響事件真實性的敘述下，作者在撰寫時，對於故事中人物姓名或公司行號，略為更改姓名及公司行號名稱。再者，又為了顧及敘述的流暢與連貫，若涉及到銀行作業流程、商品交易專業用語或法律專業用語及觀念時，作者會以註解方式解釋或引用其他文獻，方便讀者在閱讀本書時，輕鬆吸取相關領域的基本知識。

註釋 ————

1 連動債：2008 年美國發生次貸危機，當時美國第四大投資銀行雷曼兄弟因而倒閉，其所發行的連動債無力償還，導致投資人血本無歸。當時台灣堪稱是全球最愛買連動債的國家，受影響者高達 5.1 萬人，總投資金額超過 400 億新台幣，也就是平均每人約損失 80 萬元。（資料來源：2009.8.27 周岐原。《今周刊》，662 期）。

2 人民幣 TRF：2013 年，政府開放人民幣 TRF 業務，國內銀行大推人民幣 TRF，宣稱不需實際投錢，不用繳保證金，可以避險，短期就能賺取高額權利金，多家民營銀行全力推銷攻進台灣中小企業市場。2015 年 8 月 13 日人民幣大貶，一夕之間情況豬羊變色，台灣高達數千家中小企業總計損失高達約 3000 億元新台幣，對於台灣經濟發展的傷害嚴重程度遠高於 2008 年的連動債風暴。

3 風險屬性：銀行一般會將客戶投資意願分成保守型、穩健型、穩健積極型和積極型等四個級別。

4 風險承受能力：銀行就客戶的總資產，評估客戶可以承受虧損的能力。

5 商品適合度：指金融服務業（在本書指的是銀行）向客戶推薦金融商品時，應有合理基礎相信該商品適合對方，此項原則目的在防止金融業者為自身利益濫行銷售或推介，損害投資人權益（資料來源：《現代金融法》王志誠著，新學林出版社）。

6 商品風險告知：銀行應充分告知客戶，承作該商品時所可能面對的具體風險。

7 準確性：此處是指銀行在執行前面各項作業時應準確評估，才能提供真正適合客戶承作的商品。

| 目錄 |

Part I
故事

台灣版的奪命金

Chapter 1 —— 揭開銀行的暗黑面紗

Chapter2 —— 團結救自己……

Chapter3 —— 那些年，我們一起被理專欺騙的事

台灣版的「奪命金」

一般人認知的理財；多半為了累積財富及規避風險，而投資則是創造財富，但難免也需要承擔風險。如果，理財不能累積財富或規避風險；投資無法控管風險範圍與大小，就不是一個值得或應該進行的理財或投資。

本書 Part I 主要講述客戶落入銀行銷售商品的系統性陷阱，因而錯誤投資造成重大虧損，後來集合眾人力量自力救濟，努力找出真相的故事。

Chapter 1
揭開銀行的暗黑面紗

話說 2008 年的連動債與 2015 年的人民幣 TRF，可說是銀行界近幾年傾全力銷售的兩項主力商品，但推波助瀾後的結果竟是 ── 導致數萬名投資人和上千家中小企業主損失慘重，甚至瀕臨破產。

正常情形下，這本不該是理財或投資應有的結局。但為什麼會發生此等慘況？是商品本身還是銷售出現問題？是銀行該檢討還是客戶要懂得規避？

究竟是誰該為這樣的結果負責任……？

一場匯改，意外揭發銀行黑幕

　　本章節主要在談人民幣 TRF 投資人如何落入銀行陷阱，因此承受一連串財產上和心靈上摧殘的故事。經由自救會的運作，才得知銀行是有系統地操作「請君入甕」的手法設計客戶。並透過眾多受災戶描述和比對查核文件，才梳理出整體事件，多家銀行在辦理金融商品業務時的不當或欺瞞手法幾乎如出一轍。

　　大家都知道，銀行是受到金融監督管理委員會（以下稱「金管會」）高度監管的特許行業，因此，規範銀行的法令與行政函釋多如牛毛，銀行為了符合法令規定，就必須訂定各種內部規範與作業手冊，所以客戶在辦理各種業務時，需要填寫的文件便因項目不同，填寫表單種類也會因此出現差異，這是大家習以為常的事。

　　通常和銀行往來若只是傳統的儲蓄、匯款、信託、票據交換等業務，或是短、中、長期信用融資貸款等資金供給，一般人對於銀行提供的文件都是充分信任的，鮮少有人會質疑合約內有不利於己或不公平的條款，就算對於契約文件的內容有所疑慮，也會因著行員「這是銀行制式契約，法務單位不會同意更改」，諸如此類一貫的答覆，客戶大多也就不會再堅持修改。也幸好，這類業務大多屬於銀行服務客戶的需求，文件內容對於客戶而言，原則上亦不太會造成多大影響。

　　但如果和銀行打交道的是理財投資業務，不論是個人金融所謂的「財富管理」，或法人金融（有稱企業金融）的「匯率避險及商品投資」，縱使金管會都有相關法令規範銀行作業時的遵守事項，然而有道是「上有政

策，下有對策；道高一尺，魔高一丈」讀者真的不能大意，銀行提供的各種文件資料，務必仔細研究才行。

我們發現有些銀行操作的手法伎倆，一開始就是針對特定商品，計畫性、系統性的讓客戶陷入銀行精心佈置的圈套之中。原來這些銀行不僅對外招攬生意、開發新客戶的手法一致，內部偽造客戶資格條件的作業模式，似乎也都是同一個模子做出來的。如果不是這群受災戶團結自救，向立法委員陳情，向金管會爭取，要求銀行必須提供內、外部資料，大家真的無法想像，原應謹守「誠信」最高指導原則的銀行，竟然是這樣蠻幹的！

在此邀請讀者，跟著我進入協助受災戶挖掘真相的時光隧道裡，從書中每一位人物遭受銀行理專誘騙和進行財產保衛戰的故事中，逐步揭開黑心銀行的暗黑面紗。

誤信理專謊言，恍如墮入無間地獄的凌遲

2015 年 8 月 11 日，中國人民銀行進行人民幣匯率改革，台灣眾多投資人的財產一夕之間豬羊變色，隨時都可能將自己的財產拱手讓給銀行，台灣金融界將此稱為「811 匯改事件」[1]。在此之前，只要有購買人民幣目標可贖回遠期契約（Target Redemption Forward：TRF）商品，且還未獲利出場的投資人，811 匯改事件後人民幣匯率持續大跌，這些投資人每月都得面臨幾萬美金比價虧損的壓力[2]，被迫得賣掉房產、抵押房子向銀行借貸、公司倒閉員工失業、自殺沒死成的、公司營業停擺的、夫妻吵翻天離婚的……，時有耳聞，這就是人民幣 TRF 投資人當時面臨的處境與恐懼。

　　我在自序中提過，曾答應配合李老大協助 Chris 的燃眉之急，自此，我除了得儘速搞清楚 Chris 到底買了些什麼金融商品外，還得想方設法幫助 Chris 趕快止損。這是因為 Chris 在 2015 年 8 月 11 日之前，被 C 銀行理專誇大不實的話術，先後使用境外公司（Offshore Banking Unit；OBU）[3] P.P. 的帳戶和國內公司「NS 紡織股份有限公司」名義，與 C 銀行承作好幾筆人民幣組合商品，所以從 2015 年 8 月 11 日後的每一個月，Chris 幾乎都必須張羅好幾萬美元的比價虧損交割款，而且是每天眼睜睜地看著人民幣一直貶值，心裡不斷淌血，活脫脫就是永無止境的凌遲。

　　雖然 Chris 持續面對的虧損與我無關，但每天被 Chris 照三餐加下午茶外加宵夜的追問進度，備感壓力下，間接的我也被感染到 Chris 當時心中的忐忑不安與恐懼的氛圍。

　　就在這種將心比心、感同身受的心情下，這段期間我對這項人民幣衍生性金融商品的研究，比過去參加律師高考時還要認真用功，每天沒日沒夜地拚命翻看 Chris 與 C 銀行歷年來的徵授信文件、客戶關係經理（Relationship Manager；RM）及交易室理專（TMO）與 Chris 間 LINE 的對話和交易資料外，甚至希望能從網路蒐集大量有關這種人民幣商品的報導並研究相關法令，每天睡不到 5 小時，盼望能盡快找出 Chris 受到 C 銀行行員詐騙的有利證據，如此就有機會依法向 C 銀行主張撤銷意思表示 [4]，好讓 Chris 依法有據地停止支付每期比價的虧損 [5]。也希望因此能在最短時間內蒐集、整理足夠證據，向「財團法人金融消費評議中心」申請評議 [6]，盡早解決 Chris 和 C 銀行的爭議。

　　可惜，當時除了那本刊載「一位董娘的泣訴……」的《商業週刊》外，媒體雜誌有關這項人民幣 TRF 商品的報導與訊息，實在寥寥可數，電子

媒體更是從未聽聞。所幸 Chris 畢竟是具有留英碩士學位的高知識份子，在 811 匯改事件發生後，已經向銀行索取到部分的徵授信文件，以及擷取與客戶關係經理及理專之間的 line 對話紀錄、電子郵件等證據。

我們發現這些登載不實的資料與文件，和理專誇大不實，提供不適合 Chris 承作商品的作為，才是造成損害發生的關鍵原因，同時也提供我們向 C 銀行提出撤銷意思表示的依據。

與 Chris、李老大共度的農曆新年

記得 2015 年的農曆春節有九天的假期，是我結婚二十幾年來，第一次沒有陪老婆回宜蘭娘家過年，每天除了三餐和日常生活打理外，就是埋首在上千張文件資料，以及好幾本《金融消費者保護法》的書籍與相關法規研究裡。

農曆過年期間，Chris 不需要處理公司業務，可以專心回想並整理 C 銀行 RM 和理專當時向他推銷人民幣商品時的所有細節。這九天的農曆年假，我和 Chris 及李老大幾乎是不斷電的熱線通話。在此期間，我把 Chris 給我的二大箱文件資料，一遍又一遍地翻閱，比對、分析文件彼此的時間順序、內容和實際發生的情形，將所有文件的重點和法令規定，逐段整理歸納並繕打作成表格，慢慢地，我終於釐清 C 銀行客戶關係經理 RM 是如何誘導並協助 Chris 製作不實財報，交易室理專又是如何以虛偽、誇大不實的話術和隱匿可能風險，誘騙根本不適合 Chris 投資的商品。

銀行突然強制平倉，不管客戶死活！

811 匯改事件後，人民幣持續貶值，Chris 投資部位的「未實現市價損失」（Mark to Market；MTM）**7** 暴增。因此，C 銀行一方面不斷向 Chris 催促徵補保證金 **8**，一方面又指派黃姓協理安撫 Chris，在 Chris 的辦公室拍胸脯保證：「安啦！人民幣對美元如果跌到 7 元，那就是世界末日了啦……，根本不可能發生，否則願意把頭剁下來給 Chris 當椅子坐。」目的就是要讓 Chris 乖乖繳交保證金。2019 年 8 月 5 日，人民幣兌美元中間價，就真的一度跌破 7 元，不知道 C 銀行的這位黃姓協理，是不是該兌現承諾，把頭剁下來給 Chris 當椅子坐？

隨著時間推移，人民幣兌美元匯率依然持續貶值，農曆年前客戶關係經理 RM 甚至每隔一天就發 MAIL 通知 Chris「未實現市價損失；MTM」已達美金百萬，要求他增補鉅額保證金。而當時適逢年關將近，公司現金需求量大，Chris 根本無力支付鉅額保證金。於是，我們詢問並取得律師認同，對 C 銀行發出撤銷意思表示的存證信函 **9**，在法律攻防策略上，先讓 Chris 初步取得與 C 銀行雙方法律關係出現爭議的效果（並不是 Chris 賴皮不履行契約，而是 C 銀行行員先前推介銷售商品時，涉嫌詐欺行為，所以，先前交易商品的法律關係存在瑕疵）。

詎料，農曆年一過，C 銀行竟於 2 月 18 及 19 日連續兩天，將 Chris 所有在倉部位全部強制平倉，並將 Chris 儲存在 C 銀行的定期存款全部扣抵殆盡，讓 Chris 瞬間慘賠 317 萬美元。接著，C 銀行更是趕盡殺絕，向聯合徵信中心申請對 Chris 經營的 NS 紡織公司辦理違約註記 **10**，如此作法任誰都無法承受，C 銀行擺明就是要毀掉 NS 紡織公司，根本就是要逼

死 Chris！這可真讓我大開眼界，見識到銀行翻臉不認人的凶狠與無情，Chris 恨透 C 銀行。

金融評議中心，不辦大事

2016 年初，甫過完農曆年，C 銀行連續兩天強制平倉的動作可把 Chris 嚇死了，Chris 氣急敗壞地連下十二道金牌，要求我必須儘速對 C 銀行採取法律行動。這下可真讓我日以繼夜地拼老命，在短短兩天內便檢具相關事證，向金管會正式檢舉 C 銀行涉嫌偽造文書和詐欺等行為，同時向金融評議中心提出書面申請，期待金管會和金融評議中心能夠還給我們一個公道。

經過數天，接獲金融評議中心一位何先生來電告知：「我們已收到 P.P 和 NS 紡織公司的評議申請書。但是因為金融評議中心僅受理國內『金融消費者』與金融業間爭議，並不受理非金融消費者及非國內金融消費者的申請，因為 P.P. 為境外公司，所以不屬於我國金保法的保護範圍。」聽到這邊，我真是丈二金剛摸不著頭緒！何先生進一步說明表示：「因為 NS 紡織公司和境外公司 P.P 的總資產都超過新台幣 5,000 萬元，而 P.P. 又是境外公司，都不屬於金融消費者保護法（簡稱「金保法」）定義的『金融消費者』，所以評議中心無法受理進行評議。」

原來，當時《金保法》定義「金融消費者」[11] 與「非金融消費者」，是以客戶「總資產」[12] 是否超過新台幣 5,000 萬元來認定。總資產低於新台幣 5,000 萬元者叫做金融消費者，受到《金保法》的保護；總資產超過新台幣 5,000 萬元者就不是金融消費者而是「專業客戶」，不在《金保法》

保障的範圍。

此時我們才恍然大悟，怪不得 C 銀行 RM 極力慫恿 Chris 先用境外公司 P.P. 名義交易，並將財務報表「編造」成總資產超過新台幣 5,000 萬元以上的公司 [13]。

和 C 銀行的第一次協商

　　眼看向金融評議中心申請評議這條路走不通，我和李老大商量只好透過向立法委員陳情，懇請金管會高層出面從中斡旋，找出解決之道。

　　立法委員張廖萬堅先生接受我們的陳情，並迅速於 2016 年 3 月 2 日邀請當時的金管會副主委黃天牧先生、銀行局副局長邱淑貞女士，而 C 銀行派出副總層級主管五人及本案客戶關係經理與交易室理專等共七人，陣容龐大算是給足了張廖委員和金管會官員面子，陳情人則是由 Chris、李老大及我參與這次的協調會，在立法院青島會館會議室進行第一次的會談，這應該是人民幣 TRF 爭議，最早透過向立委陳情邀請金管會官員列席與會的一次會議。

　　當天，各方人馬行禮如儀，先是一番寒暄交換名片。接著，我先請教了銀行局邱淑貞副局長幾個問題，邱副局長相當懇切地回答我的疑問。過程中，邱副局長對於 C 銀行若干作法頗有微詞，認為銀行應先與客戶溝通，以協助客戶渡過難關的立場，提供客戶必要資源，才是銀行應盡的本分，C 銀行貿然強制平倉，瞬間造成客戶巨大財物損失，影響企業正常運作，不該是銀行應有的作為。當場，邱副局長果斷指示 C 銀行要和我們好好溝通，也請我們提出具體訴求，讓 C 銀行資深副總帶回請示。

　　當下，我看了看李老大和 Chris，Chris 沒有表情，李老大回看了我一眼後，向 C 銀行提出賠償本案虧損總金額 317 萬美金 7 成的訴求，並補充說明 7 成是當時金管會主委曾銘宗在立法院答覆立法委員時提出的，曾銘宗曾說：「如果銀行有錯，銀行就應該負擔 7 成的責任。」

　　李老大這句銀行應賠償 7 成的訴求一提出，當場銀行人員全部面面相覷，表情相當不以為然。此時，會議主持人見場面尷尬，喊出會議暫停，我和李老大及 Chris 到另外一個小房間商談，結果 Chris 當場大罵李老大：「誰授權你喊 7 成的？為什麼不是 100％？」這可讓我見識到 Chris 的……嗯……「人格特質」！

　　5 分鐘後重新回到大會議室，這場會議肯定不了了之，C 銀行資深副總很給金管會官員面子地說：「我們會把 NS 紡織的訴求帶回公司研議後答覆。」此時，我心中的 OS：「這案子難搞了。」

轉向自救會取經

　　從立法院青島會館送 Chris 和李老大前往台北高鐵站的路上，李老大和我不約而同地達成一個共識，這場和銀行的財產保衛戰，若僅是單打獨鬥恐怕不容易勝出。因此，要我積極參與自救會運作，結合眾人力量，找尋更多有力證據和開闢新戰場。從此，我一腳踏進了以范淑娟小姐為首的 TRF 自救會核心七人小組，擔任法律方面的智囊義工。

　　2016 年 2 月中旬，我加入自救會的 LINE 群組，進入群組後我才知道，真的有近百家中小企業主蒙受相同遭遇，都是先由客戶關係經理在徵、授信文件及額度申請作業上下其手，再由交易室理專透過天花亂墜、誇大不實的話術，勸誘客戶投資這項人民幣商品。

　　群組裡的受災戶終日惶惶不安，不知所措，大多數人根本還搞不清楚這到底是什麼商品？為什麼老是有賠不完的比價結果？為什麼銀行不斷發出「未實現市價損失：MTM」通知，並持續要求徵補保證金？而群組

裡最常發表談論的是：「我手上都沒有資料，當初就是太相信銀行RM（客戶關係經理），當初RM都是拿一堆空白文件說是制式文件和例行公事，要我簽什麼文件我們就簽什麼，還假好心地說因為文件太多，為了服務客戶，拿著我的印章就在一大疊的空白文件用印，當時到底有哪些文件，是要幹嘛用的我都不知道，根本就沒看過文件的內容。」

受災戶陸續討論，有人甚至說乾脆去遊行抗議、去金管會綁白布條陳情、大家一起來打集體訴訟；也有人提醒大家，我們手上根本沒有什麼可與銀行抗衡的證據，我們要拿什麼來告銀行？大家你一言我一語，甚至有人說出帶有情緒性的發言，想在銀行的總部大樓前自殺，也有人特別堅強，扮演張老師角色安慰著大家。我呢，就把先前研究相關法令的心得，以及處理Chris與C銀行爭議的經驗，發表在群組裡跟大家分享。

我在群組裡分享心得與經驗，很快得到幾位受災戶的注意與共鳴，並與我私訊聯絡交換意見。

銷售一張嘴，出事一張臉

Susun，她是我加入自救會群組後，第一個和我私訊聯繫的受災戶，她約我3月4日上午10點到她位於中和的辦公室見面。一踏進辦公室內部，映入眼簾的是一間裝潢氣派的會議室，牆邊堆疊著許多知名運動品牌的盒子，主要是以N牌爲主，會議室裡掛著一幅吳敦義前副總統和一位女士的合照。我在會議室等了一下，沒多久，一位年齡與我相彷，渾身充滿活力的女士進來與我打招呼，原來她就是Susun，也就是那幅照片裡，與吳敦義前副總統合影的女士。

　　Susun 先介紹她自己是雲林人，很年輕時就到台北打拼，從在百貨公司知名運動品牌的專櫃小姐做起，後來在許多地方開設門市代理知名運動品牌產品，是典型白手起家的成功企業主，也是 TRF 自救會發起人之一。

　　Susun 早在 2012 年就接受永豐銀行推銷，理專宣稱可以幫她設立境外公司，除了可以避稅還能作為投資理財的小金庫，投資獲利不用繳稅，國稅局也查不到……，從此，開啟她以境外公司 ROSE 帳戶與銀行交易。一開始，銀行理專推介的交易有賺有賠，賠的時候，Susun 從未埋怨過理專。然而就在銀行理專慫恿投資人民幣 TRF 商品後，Susun 的財務狀況開始風雲變色，虧損越來越大。811 匯改事件後，Susun 損失慘重，每個月都被銀行催繳保證金和比價交割款，動輒需要支出幾百萬新台幣的現金。當時，Susun 公司仍然正常營運，業績也相當不錯，因此只希望銀行不要抽銀根，讓損失可以轉為貸款並多給幾年寬限期 **14**，讓她有喘息的機會，這竟已成為她最卑微的渴望。

　　Susun 公司有十幾名員工，代表她公司正支撐十幾個家庭的生計，這家公司是 Susun 和先生共同打拚的成果，她需要有足夠的資金讓公司繼續經營下去。

　　Susun 用她習慣的快速口吻，語氣平淡地說道：「因為成立自救會，她有機會認識許多遭遇比她更慘的人，有一位快 60 歲的受災戶吳敏敏和她一樣，也是白手起家，名下 7 間房子和店面都被銀行設定抵押，吳敏敏一直想自殺，幸好都被她勸阻下來。」聽到這樣的事情真是讓人鼻酸，一個人既不是暴發戶也不是富二代，一輩子辛苦打拚事業累積出來的財富，卻因為太過信任理專，錯誤投資讓她幾乎破產，一輩子努力的成果不僅蕩然無存，年老退休之際還負債累累，真是令人不勝唏噓。

當天下午，Susun 約了 E 銀行 RM 到她公司說明後續處理方案，請我下午和她一起聽聽看 RM 會怎麼說，我也很好奇 E 銀行會有什麼解決方案，便同意簡單的午餐後一起和 RM 會談。

約莫下午兩點半，我陪著 Susun 和兩位穿著 E 銀行綠色制服的 RM 在會議室，瞭解目前情勢和 E 銀行對這件事的處理態度。只見其中一位 RM 臉色鐵青，不耐煩地回應 Susun 問題，並且一再恐嚇若無法針對目前「未實現市價損失：MTM」提供保證金，將會對 Susun 在倉部位強制平倉，並查封拍賣 Susun 所有資產。

這位態度不佳的 RM 提出一個方案，就是把交易虧損的幾千萬元轉為向 E 銀行貸款，寬限期 2 年，幾年內要把上千萬欠款還清，並強調這是遵照金管會指示，採用這種方式「幫助」受災戶。

原來金管會策略就是將客戶虧損改以轉貸（loan）方式 **15** 解決，形式上降低銀行承受客戶可能的違約風險（曝險金額），同時創造銀行貸款業績、美化數字（並不是要真正解決理專不當銷售造成客戶虧損的問題），倒楣無助的當然又是受災戶，無異是再次被扒了一層皮（又多了些金額不小的利息支出），客戶的困境恐怕更是雪上加霜。

E 銀行這樣的處理方式，Susun 當然不可能同意（主要是認為情況特殊，銀行寬限期太短），雙方因此不歡而散。兩位行員離開後，我很好奇地問 Susun：「那位臉色鐵青的 RM，以前來找妳的時候會是這種態度嗎？」Susun 說：「怎麼可能？以前都是 Susun 姊長；Susun 姊短的。這件事情爆發後，就對我很不耐煩，口氣很差，唉！行員的嘴臉讓人心寒。」外表堅強的 Susun 總經理，此時也不禁眼眶泛紅，看了著實讓人同情。

　　待 Susun 情緒稍爲緩和之後，這才娓娓道來她所遭遇的一切……。Susun 說：「總共有六家國內銀行和一家 ES（香港）銀行找她投資這種人民幣商品，她到目前爲止還無法估算出到底賠了多少？未來還會賠多少？根本連想都不敢想。」這時我又發現 Susun 平淡的語調中，透露出無比惶恐的顫抖與無助的嘆息，更多的是懊惱，不解自己當初怎麼會任由 RM 主動協助填寫文件和用印？聽憑理專天花亂墜的吹噓？「人民幣商品不用成本、短期就能獲利數萬美金，沒有風險……」，現在想想天底下怎麼可能會有這麼好的事？當初真是財迷心竅，完全被銀行理專誇大不實的話術，遮蔽了自己的理智線。

　　接著，Susun 講到 S 銀行理專，火氣頓時更大，她說：「S 銀行理專推銷她一筆交易，結果賠了 13 萬美金，理專就再度慫恿我，要我再增加信用（風險）額度 **16**，加碼投資另一筆交易。理專說這筆交易會先有一筆將近 11 萬美元的權利金 **17**，到時候可以拿這筆權利金填補先前的損失。」結果，這筆拿到 11 萬權利金的交易，最後讓 Susun 大賠 193 萬美金。這件事讓我驚訝萬分，心裡想著，這種理專真是太夭壽了，這哪是幫客戶理財呀，根本就是惡意陷害人破產，簡直比華爾街之狼還沒人性，竟然趁人之危，騙人購買！！

　　Susun 是繼 Chris 之後，我接觸到第二位因完全聽信理專而投資人民幣商品的受災戶，雖然虧損範圍更甚於 Chris 好幾倍，但看到她一方面力圖堅守著公司的營運外，另一方面仍懷抱著熱忱參與自救會事務，密切聯繫更多受災戶加入自救會，集合大家力量爲自己可能即將失去的資產而奮鬥。此時的我，對於 Susun 總經理的超人毅力與關心眾多受災戶的情操，頗爲感動。

　　我問 Susun：「有什麼我可以幫忙的嗎？」Susun 說：「自救會裡真的很需要懂法律、有經驗的人來幫助大家出謀劃策，提供正確方向，大家財力都相當吃緊，沒有時間走冤枉路。3 月 7 日下午，自救會將在北投機廠舉辦第一次會員大會，到時會有近百名受災戶到場，共同商議自救行動。」

　　會後，Susun 邀請我一起參加，毫無猶疑地，我當下便欣然答應了……。

註釋 ————————

1　811 匯改事件：中國經濟數據低迷，「保 7」堪憂，製造業指數連續創新低，出口大幅回落。中國政府在 8 月 11 日宣布進一步改革人民幣匯率形成機制，主要方式是完善人民幣兌美元匯率中間價報價，將中間價報價依據改為參考上日收盤匯率。匯改政策宣布當天，人民幣兌美元匯率創 20 年來最大降幅，比上日中間價貶值近 2%，第二天，央行公布人民幣兌美元匯率中間價再次下跌，兩天過後，以中間價計算人民幣貶值 3.5%。（資料來源：BBC 中文網 2015.08.12）。

2　人民幣 TRF 當時設定的遊戲規則就是對賭人民幣會升值，811 匯改事件因此造成人民幣大跌，購買人民 TRF 的投資人，每期比價結果註定就是不停的虧損。

3　OBU 帳戶：即境外公司或外國自然人在台灣開設的帳戶。

4　撤銷：指因為意思表示錯誤或受到詐欺或脅迫，才會針對具有瑕疵的意思表示時，法律特別准許發出這樣意思表示的人，對於已經成立且生效的法律行為，可以主張撤銷，讓已經成立生效的法律行為溯及自成立時失效（參考《民法》第 88 條、第 92 條及第 114 條第 1 項）。

5　比價虧損：人民幣 TRF 是由 24 期或 30 期各自獨立的合約組成，如果該筆交易無法在前面幾期順利達到一定的點位出場，就得每期比價。若是人民幣一直貶值，投資人就得眼睜睜看著每期的比價虧損。

6　這是依據《金保法》，由政府捐助成立，建立金融消費爭議處理機制的機構。

7　此舉代表投資商品目前的結果，是假設以目前的匯率評價其未到期部位損益值都可稱為「未實現市價損益」。

8　徵補保證金：將每日結算後的損益計入期貨交易人帳戶權益中，是期貨交易的特性，當未沖銷部位產生損失，帳戶權益就會被扣減，期貨交易人必須隨時準備額外的資金以維持未沖銷部位所需的保證金，建立的未沖銷部位愈多，所需準備的資金就愈龐大。（資料來源：「期貨商交易即風險控管機制專案」－ 期貨交易人 Q&A」，摘自「中華民國期貨商業同業公會」）

9　《民法》92 條第 1 項規定：「因被詐欺或被脅迫，而為意思表示者，表意人得撤銷其意思表示」，通常撤銷意思表示的作法是向對方寄出存證信函。

10　聯徵紀錄是將聯徵中心所蒐集在揭露期限內的資料，這可說是信用分數的依據。聯徵中心會以客觀、量化演算而得的信用分數，預測當事人未來 1 年能否履行還款義務的信用風險（資料來源：《聯徵紀錄怎麼看？信用不良紀錄多久會消除？》/ 貸鼠先生，2021.09.17。https://roo.cash/blog/jcic-record/）。C 銀行向聯徵中心申請註記 Chris 的紡織公司有與該行違約交割的紀錄，因此，其他銀行可查閱得知此註記，因而有拒絕融資貸款情形。本案實際上是金融商品交易爭議，並非一般的違約交割。

11 金融消費者：依據 2015 年當時適用的《金保法》第 4 條第 1 項規定：「本法所稱金融消費者，指接受金融服務業提供金融商品或服務者。但不包括下列對象：1. 專業投資機構。2. 符合一定財力或專業能力之自然或法人」。第 4 條第 2 項：「前項專業投資機構之範圍及一定財力或專業能力之條件，由主管機關定之」。金管會依據《金保法》第 4 條第 2 項的授權，於民國 105.02.02 以金管法字第 10400555610 號令發布施行：「本法第 4 條第 1 項但書第 2 款所稱法人，其應符合之條件為該法人接受金融服務業提供金融商品或服務時最近一期財務報告總資產超過新台幣 5,000 萬元」。嗣後，金管會已修訂到超過新台幣 1 億元並附加其他要件，作為認定是否屬於金融消費者的標準。

12 總資產：即企業資產負債表的資產總計項。

13 因為是境外公司，所以財務報表不會有國內會計師的簽認，須由客戶自行製作或透過銀行提供財務報表內容，然後在財務報表蓋上客戶印章即可，其真實性相當薄弱。

14 寬限期指的是只需繳交利息不用繳本金，也就是暫時不用還本金。

15 轉貸就是把客戶交易虧損無法交割、付不出的錢，轉換成向銀行貸款，將銀行可能的呆帳風險轉成銀行的貸款業績。

16 TRF 交易客戶不需要拿出本錢，是由銀行評估客戶財力和信用後再給予信用（風險）額度；用白話來說就是「籌碼」，下注時不用現金，有額度就可以，比價獲利可拿現金，輸了才要交付現金（交割）。

17 人民幣 TRF 是一種選擇權交易，買方要給賣方一筆權利金，換取賣方承擔風險的對價，這是一種選擇權交易公平價值的平衡機制。

Chapter 2
團結救自己⋯⋯

依約到達「北投機廠」自救會租借的教室，與相關人員會合。

在進教室之前，自救會服務人員要求出示和銀行交易的契約文件，目的在防止銀行派人鬧場或打探自救會可能採取的應變措施，如今回想起來，整個過程像極了電影情節裡的諜對諜⋯⋯。

北投機廠自救大會

　　3月7日，我依照 Susun 告知的時間、地點到達「北投機廠」自救會租借的教室與 Susun 會合。在進教室之前，自救會服務人員要求出示和銀行交易的契約文件，目的在防止銀行派人鬧場或打探自救會可能的作法，像極了電影情節裡的諜對諜[1]。

　　進入教室後，Susun 就幫我介紹那位災情比她慘重的吳敏敏，第一眼看到吳敏敏，真的很難想像這段時間她是怎麼熬過來的，吳敏敏年齡看起來比我大一些，身形相當消瘦，講話略顯有氣無力，一副生無可戀的模樣。吳敏敏說：「現在每天都必須靠吃安眠藥才能入睡。」但畢竟是白手起家的中小企業主，也是見過市面的人，在大家面前還是能提起精神表現如常，若是不熟的人，恐怕看不出此刻的她正面臨人生最大危機。

　　之後會議開始，Susun 拉著我坐到前面第三排的位子，主委范淑娟（Lola）介紹發起自救會的幾位核心成員及分工，接著開放受災戶發表意見。一位曾先生揭發他境外公司的財務報表，是 F 銀行 RM 幫他製作的，而且是在他不知情的情形下，偷拿放在桌上的印章和其他對保文件同時用印的，他的境外公司總資產根本沒有超過新台幣 5,000 萬元，他已委請律師向 F 銀行理專提出告訴。

　　Susun 接著冷不防地將我叫上台，介紹我有和 C 銀行交手的經驗，我在心裡毫無準備的情形下硬著頭皮上台，把我從去年開始協助 Chris 研究這個案子以來，蒐集到的資訊與這段時間交涉處理的經過，一一分享給在場的受災戶。我建議大家這件事一定要親自蒐集證據、研究案情並參與未

來的訴訟，不能完全仰賴律師。因為從連動債訴訟的結果來看，就算第一審勝訴，等到了第二審客戶維持勝訴的比例，通常低得可憐[2]。

我也向受災戶報告，台中大里 Chris 和 C 銀行的爭議，曾經向金融評議中心申請評議，但因為 Chris 公司的總資產超過新台幣 5,000 萬元，不屬於金保法的「金融消費者」，而是被認定為「專業客戶」，所以評議中心不受理。

現場與會眾人聽到此一訊息，全場為之譁然，大多數人都無法理解這是什麼規定？為什麼是用資產多寡來認定是不是金融消費者，現場所有人的公司資產若不是本來就有超過新台幣 5,000 萬元，就是被銀行 RM 主動提供的財報「編造」為超過新台幣 5,000 萬元的企業，若這麼說來，這件人民幣商品爭議，金融評議中心根本就發揮不了作用！

正當大家議論紛紛之際，一位長相俊俏很有明星臉的核心幹部 Frank 忿忿不平地說：「當時 F 銀行 RM 來找我，因為我並沒有開公司，RM 竟說可以幫我申辦境外公司（OBU），並且主動提供「編造」超過新台幣 5,000 萬元的財務報表，說這是必要程序，但我根本就沒有 5,000 萬元。」

最後，主委范淑娟綜合大家意見與訴求，做出四項重要決議：一、整理受災戶遭受銀行欺騙的事實，向金管會陳情，嚴懲不肖金融業者；二、要求金融評議中心開放受理人民幣 TRF 爭議案件的客戶申請（不受限於總資產多寡）；三、向立法委員陳情，促請金管會要求銀行同意以仲裁方式[3]解決爭議；四、陳請金管會，要求銀行必須提供徵、授信及交易相關文件。

會議結束後，受災戶利用這次機會相互寒暄，彼此打氣並交換意見，

Susun 特別幫我引薦主委范淑娟，范主委給我的第一個印象就是非常開朗，有魄力，講義氣的女漢子。雖然范主委自己也賠了不少錢，但從她的言談中絲毫感受不到憂傷與恐懼，反而是一心想要帶領自救會爭取主管機關更多重視與協助的強大企圖心。

范主委邀請我擔任自救會顧問，並將我加入到自救會七位核心成員群組裡，但我告訴范主委，擔任顧問不敢當，我當義務志工就好，從此便和自救會核心成員建立堅定的革命情感。透過這個平台，才有機會幫助更多還摸不著頭緒的受災戶，找尋適合的救濟途徑和努力方向，同時有助於 Chris 的案子，累積更多能量和資訊與 C 銀行對抗。

會場上眾人彷彿在海上漂浮許久，自救會成立讓受災戶像是找到了浮木久久不願散去，或許是剛才在台上的經驗分享，幾位受災戶主動找我交換意見並詢問一些問題，藉此，我又認識了 Jeffery、Vivien 和蘇瑞哲三位董事長及義工康小姐。這幾位董事長也都有遭到銀行 RM 及理專偽造文書、誤導欺騙和壓迫的故事，其中 Jeffery、Vivien 在和銀行爭訟纏鬥近七年的歷程中，扮演著舉足輕重的角色，後面的篇章將會逐一介紹述說他們的故事。

爭取評議中心幹大事

3 月 7 日，自救會第一次大會結束後，主委 Lola 率領大家發動第一波自救行動，首先指派她私人助理康小姐彙整所有自救會成員提出的資料（包括：與哪些銀行交易、交易日期、商品種類、交易金額及損失金額等資料，以及簡要說明銀行 RM 及理專如何接觸與誘導購買人民幣商品的

過程）。

　　康小姐是一位非常忠誠耐操的員工，在 Lola 公司身兼數職，任勞任怨，使命必達，總是將 Lola 的事當作是自己的事。自從發生人民幣 TRF 爭議之後，除了執行公司常態性工作之外，還得忙著和 F 銀行 RM 于小偉（就是讓 Lola 受損的元凶）聯絡後續處理事宜。另一方面，自然又得成為自救會主委的義務助理，承 Lola 之命執行自救會聯繫等事務，康小姐就常常自嘲她也是這件人民幣商品的間接受害者。

　　經過康小姐約莫半個月與自救會成員的聯繫與溝通說明，終於彙整蒐集相當數量資料，這些資料是準備用來告訴金管會、告訴評議中心、告訴立委諸公；多家民營銀行共同以近乎相同手法鋪天蓋地，傾所有之力銷售商品時的「不當及違法銷售行為」。這並不是單一銀行偶發的疏失，而是民營銀行系統性和計畫性，共同進行的違法亂紀事件，已經造成上千家中小企業重大損失和勞工失業，影響國家經濟發展。自救會用最卑微的姿態，乞求各級政府主管機關正視銀行惡劣行徑與不法行為，只為祈求政府提供更多申訴管道和給予公平、合理的救濟機會。

　　幾天後，Lola 率領自救會七人小組成員，帶著彙整好的資料，一行人來到位於忠孝西路一段崇聖大樓 17 樓的金融評議中心 [4]，拜會當時的董事長林建智，明白表達希望評議中心能夠開放受理本案爭議，不受總資產不得超過 5,000 萬元之限制，也希望不要將境外公司排除在外。林建智董事長當場收下自救會的陳情書，表示帶回研究可行性與適法性。

　　不久，金融評議中心傳來好消息，評議中心的「上級單位」金管會，於 2016 年 3 月 15 日函請財團法人金融消費者評議中心，建置「銀行辦理複雜性高風險衍生性金融商品爭議事件調處機制」，目的在提供專業法人

客戶及銀行國際金融業務分行之台資企業（包括本國企業之海外關係企業及集團企業及負責人有我國國籍者之企業等）客戶，一個公平迅速爭議調處程序 **5**。

評議中心成立建置調處機制，雖然達成自救會的第一個訴求，但是自救會成員並沒有太多喜悅，也不敢太樂觀。因為評議中心的調處機制仍然不具有強制功能與效力，就算調處建議書結論對受災戶有利，銀行只要不配合、不接受，評議中心也拿銀行沒辦法。

開闢仲裁之路

拜會金融評議中心後，Lola 再接再厲，率領七人小組成員和我，改向立法委員吳秉叡陳情，請求吳委員協助邀請金管會高層，當面聽取自救會代表的心聲與訴求。4 月 7 日，吳秉叡委員果然不負眾望，邀請到當時金管會副主任委員黃天牧先生和銀行局副局長邱淑貞女士至吳委員國會辦公室裡聽取我們的訴求，同時，我們也備齊國內多家民營銀行不當銷售商品的違法態樣（詳見附錄 1）。

金管會官員到達後，Vivien 首先發難，向吳委員及黃天牧副主委與邱淑貞副局長說明，表示有些銀行銷售這種人民幣商品之後，隨著人民幣匯率波動，片面調高「風險權數」**6**，致使客戶的未實現市價損失（MTM）暴增，進而向客戶徵補鉅額保證金，客戶若無法依照銀行要求，就威脅將以強制平倉伺候，銀行這一切作為，**讓客戶產生莫大恐慌與損失**。Vivien 這項見解，在 3 月 7 日那場自救大會當場曾經提出，只是當時大部分受災戶並沒有搞懂 Vivien 所謂「銀行片面調高風險權數」到底是什麼意思？

對於客戶權益會有什麼影響？但是聰明如吳委員，一下就聽懂了，不禁當場脫口而出：「銀行簡直就是詐賭嘛！」吳委員這句話真是鏗鏘有力，一語中的，點出這場交易的癥結所在。

接著，Lola 請我向黃天牧副主委及邱淑貞副局長說明我們的另一項重要訴求：「陳請金管會促成銀行接受客戶提出的仲裁協議」。我進一步表示：根據 2008 年連動債爭議訴訟的經驗，客戶透過法院訴訟結果，最後獲得確定勝訴判決的比例實在少得可憐，而且法院訴訟程序冗長，沒有個三、五年漫長的訴訟過程，根本不可能還給客戶公道。這次人民幣商品爭議，客戶損失金額動輒千萬，實在沒有辦法期待冗長的訴訟程序，可以幫助受災戶獲得實質上的解決[7]。因此，自救會希望除了傳統法院訴訟程序的救濟途徑外，銀行能夠同意與客戶透過仲裁程序解決紛爭。但因為銀行與客戶簽約交易前，並沒有簽定合意仲裁條款，依法需要另外簽定仲裁協議，才能進入仲裁程序。所以，自救會特別陳請金管會以主管機關地位協調或對銀行施壓，讓銀行同意與客戶簽定仲裁協議。

出身法官的吳秉叡委員大力支持這項訴求，認為司法救濟途徑以外，若能開闢仲裁程序解決銀行和客戶間的爭議，確實不失為一個好的方式，並請在場的黃天牧副主委及銀行局邱淑貞副局長大力促成，當場獲得兩位金管會長官認同與承諾，願意協調銀行接受簽訂仲裁協議。

初期，有多家銀行運用各種利益團體施壓金管會企圖阻擾，宣稱金管會無此權力要求，也未強迫銀行必須遵守，而拒絕簽署仲裁協議。但是幾經波折後，最終大多數銀行還是和客戶達成仲裁協議。至此，自救會獲得第二項訴求成果，再為受災戶爭取開闢出另一條可以快速解決紛爭的途徑。

銀行業大地震

藉由自救會受災戶彼此間訊息公開與交換，大家掌握的資料越來越多，客戶的檢舉函逐步大量湧入金管會。2016 年至 2017 年的二年期間，受災戶的生活日常不外乎就是慘賠、蒐證、檢舉，陳情、調解協商；而金管會的日常則是接受陳情、收受檢舉函、對銀行金融檢查與懲處、高層至立法院報告接受質詢、應立法委員邀請蒞會協助客戶與銀行調解；銀行的日常則是應付金管會的金融檢查、應金管會要求參與立法委員協調與客戶協商、應客戶要求提供徵、授信與交易資料、與客戶進行評議或仲裁或民、刑事訴訟。

此一時期，我因為擔任自救會法律義工，並分別先後協助台中大里紡織廠 Chris、中和運動品牌代理商 Susun、汽車製造公司 Jeffery 和 Vivien、義大利服裝品牌代工商范淑娟總經理、七間店面和房子遭扣押的吳敏敏、縫衣機業者蘇瑞哲董事長、高雄某冷藏業者陳小姐、文具出口商紀總與貨運承攬業梁董和黃總等人，蒐集、整理和分析資料或與銀行談判的機會，結合自救會其他義工 Frank 和康小姐等二人整理的資料，歸納出各民營銀行在推介銷售人民幣商品時「違法和不當銷售態樣表」（以下簡稱「態樣表」，詳見附錄 1），提供給金管會和仲裁協會，作為金管會對銀行進行金融檢查時的重點查核內容，希望藉著「態樣表」能讓未來擔任這項人民幣商品爭議的仲裁人，能夠快速充分掌握到爭議重點，並作出正確公平的判斷 [8]。

這次銀行業大地震，從 2014 年 6 月 25 日起至 2017 年 5 月初，有多家民營銀行被金管會金融檢查後，發現確實有多項違規與不當銷售情形而

遭到裁罰，甚至有某銀行被裁罰三次仍不知悔改，這種銀行的「內稽內控和法遵單位」[9] 根本就是裝飾用的，毫無功能。金管會針對銀行辦理人民幣商品作業，持續金融檢查長達近三年，有多達五波對銀行裁罰的作為，這是自救會集合眾人智慧與努力，第三項訴求的成果。

許多受災戶看到金管會對銀行進行裁罰（行政處分），初期真是欣喜若狂，認為這些處分書就是最好的證據，拿到仲裁庭和法院訴訟肯定完勝。結果，幾場仲裁和訴訟打下來，受災戶這才驚覺，金管會對銀行祭出的這些行政處分根本是「作秀」給社會大眾看的，到了仲裁庭和法院根本不管用，對投資人的損害救濟也無濟於事。

至於到底為什麼不管用？容我先賣個關子，後面相關章節我會詳細敘述說明。

用印時服務周到，要資料百般刁難

　　大部分人都有和銀行往來的經驗，像是到銀行開戶時，都得在開戶櫃台辦理手續，行員就會拿出一疊開戶需要簽署的文件讓我們簽名蓋章。

　　我相信大多數人在行員兩隻眼睛看著當下，不會有足夠時間或很自在地想要逐字逐條去看文件裡的內容，也不太可能會和行員逐條討論或要求修改文件內容，大多只能信任銀行不會騙人。常態上，行員也會告訴我們這些文件都是「制式文件」，例行性的作業程序，所以我們不會質疑簽署用印的文件，對我們會有不公平或不利的條文。當然，一般情形下，我們也不會主動要求銀行將簽署過的文件影印副本給我們備查。所以等辦完開戶手續後，我們到底簽了什麼？承諾了什麼？可能大多數人都無法清楚說出來。而這樣的作業模式，幾乎就是和銀行往來的慣性，因為充分相信銀行，所以銀行說什麼，做什麼，大家從來不會懷疑。

　　在辦理徵信、授信、認識客戶作業或對保時，銀行RM更是有備而來，藉由客戶對銀行完全信任，提供文件要客戶簽署時，都有一套精密的作業流程，讓客戶在簽署一堆文件時喪失防備心和警覺性。畢竟客戶難有機會和足夠時間仔細詳讀文件內容，就算可以逐字逐句閱讀，對於密密麻麻的文字和艱澀的金融專有名詞通常是有看沒有懂，當然也不太會對文件內容提出意見或質疑，更不會想到要留存簽署文件。

　　在這件事情上，我協助過的幾位受災戶都有共同描述：「銀行RM到受災戶公司時，一定至少兩人一組，而且大多是利用對保作業時，同時摻雜提出商品交易所需的徵、授信文件、空白的認識客戶作業表⋯⋯。」為

此，銀行局官員特別爲銀行緩頰，幫客戶準備的空白董事會議紀錄和境外公司財務報表 **10** 等文件，是銀行基於服務客戶的立場，本質上是『好心』幫客戶填寫用印。

有些銀行 RM 和另一位行員對保時還會「更」好心的主動幫客戶在空白文件上蓋章，或直接翻到文件最後一頁，引導客戶在用印部位簽名。如此一來，客戶根本就無法注意自己是在什麼文件上蓋印章及簽名，更無法知道這些文件條文內容和表彰的意義，就這樣稀哩呼嚕地完成對保和文件簽署等用印程序。當然，就算客戶有影印留底，但還是會有許多空白未填寫，和需要銀行用印但尚未用印的地方（RM 或理專會讓客戶先用印，才送回銀行內部審查，蓋用銀行印章），因此，客戶留存的資料終究很難成爲具有完整法律效力的文件。

在 RM 這種操作模式下，客戶端根本沒有完整的文件資料，無法在仲裁或訴訟時提出當證據。因此，完整的文件資料就成爲受災戶尋求眞相爭取權益，首先需要克服解決的核心問題。然而我們聽到許多投資人向銀行索取當初簽署過的文件和認識客戶評分表（KYC）等資料時，銀行都以各種理由拒絕不願意提供 **11**，甚至有銀行以客戶索取的文件名稱不精準爲由，拒不提供。

爲了對抗銀行拒絕交付相關文件的阻力，自救會再度集結群體力量，向立法委員陳情，促請金管會應強力要求銀行不得拒絕提供與交易有關的任何文件。在主委范淑娟領導的自救會七人小組，多方奔走努力陳情下，吳秉叡、曾銘宗、林岱樺等多位立法委員積極協助，最後在金管會強力要求下，銀行才心不甘情不願地配合客戶需求提供相關文件，這是自救會團隊合作成就的第四項訴求。然而直到今日，許多銀行對於可能不利於己的

文件資料（例如與上手交易的契約、權利金、內部審查資料等），不管是在仲裁庭或是在法院訴訟時，仍然堅持不願提出 **12**。

自救會的四大訴求均已陸續達成，雖然無法對受災戶提供更積極的協助，但已為受災戶開闢幾條可以爭取權利的管道和方向，這是小蝦米對大鯨魚的典範，在這種雙方實力與資訊顯然不相當的情形下，組成自救會至少展現團結是有力量的，是可以爭取或克服一些個人無法做到的事。

各家銀行感受到自救會的強大壓力，便開始運用各個擊破的策略，軟硬兼施要求受災戶不要再參與自救會運作，否則拒絕和解或貸款作為威脅。有些銀行為阻止自救會團結，更祭出誘因，例如提供更優惠的融資條件或和解成數，許多受災戶面對銀行恩威並施的策略，開始與自救會漸行漸遠。接下來的日子，受災戶們就只能兄弟登山各自努力，為自己的財產保衛戰孤軍奮鬥了。

F 銀行速戰速決

透過立法委員吳秉叡和金管會合力促成銀行必須同意與客戶簽訂仲裁協議後，自救會成員 Frank 和 F 銀行很快地進入仲裁程序，所有受災戶都期盼這個第一件人民幣 TRF 爭議仲裁案，Frank 委任的律師可以痛宰 F 銀行，因為 Frank 手上握有 F 銀行 RM 誘導其個人申辦 OBU 境外公司及編造不實財報的有力證物 **13**，不僅有白紙黑字的電子郵件，甚至還有電話錄音紀錄……，RM 的作法簡直就是犯了金管會大忌，是不被容許的違法行為。受災戶一致看好 Frank 這件案子最終的仲裁判斷，認為可以作為受災戶取得勝訴判斷的指標。

　　然而就在 Frank 委任的律師甫將仲裁聲請狀遞進仲裁庭沒多久，F 銀行竟然以迅雷不及掩耳的速度與 Frank 達成和解，自救會成員好奇追問，究竟和銀行用多少成數達成和解？Frank 靦腆說道：「我實在有口難言，因為和解書上有保密條款，如果洩漏就必須返還 F 銀行的賠償金，還得吃上官司。」大家理解 Frank 的難處也就不好再追問下去，只知道 Frank 從此確定必須背負美金數十萬元債務，今後的日子註定是「償債人生」了。

　　就在這種氛圍下，許多受災戶加速與銀行簽訂仲裁協議，各自忙著進入仲裁程序，完全落入銀行「各個擊破」的策略 **14**。

到底都簽了什麼文件？

　　Susun，和六家國內民營銀行、一家香港銀行（ES 香港）都有人民幣商品交易，早在 2012 年時就以 OBU 境外公司帳戶和永豐銀行進行交易，當時人民幣正是當紅炸子雞不斷升值，讓 Susun 贏了不少，Susun 吃到甜頭，就與越來越多的銀行交易，從最初的永豐銀行、台新銀行、新光銀行、大眾銀行到後來的 Ca、ES 銀行及 ES 香港等都有。

　　此外，Susun 也承作不少其他種類衍生性金融商品 **15**，幾乎和每家銀行都有數筆至數十筆人民幣交易，大多都是銀行理專推銷什麼，就投資什麼，若說 Susun 不是專業客戶，還真沒人相信。但深入瞭解她對衍生性金融商品的理解與交易情況，充其量，只能說知道交易條件，但對金融商品特性和可能風險的認知，實在理解的太少了。正如 Susun 所說：「懂得吃牛肉麵；不代表懂得如何煮牛肉麵」，總之，太過相信銀行是她最大的錯誤，忽略風險則是她最大的失策。

　　我在協助 Susun 蒐集整理她與七家銀行徵、授信和交易文件時，過程真是困難重重，除了 Susun 搞不清楚自己到底交易了什麼商品以外，和銀行這幾年到底簽了什麼文件？簽了多少文件？她自己都不清楚，就算有留底也不完整，所以要如何向銀行索取資料成為最大的難題。

　　並不是只有 Susun 面臨這樣的問題，在自救會成員裡，有相同問題的受災戶比比皆是，當大家正為此事傷透腦筋的時候，一位熱心無私的企業主 Vivien 無償獻出完整的徵、授信及交易文件明細，這份明細可是 Vivien 花了將近 12 萬元新台幣，委請一位銀行法務出身的律師整理出來的。這份資料來的真是及時雨，對所有受災戶而言彌足珍貴，如果沒有這份專業人士整理出來的明細，根本無法向銀行索取相關文件，更別說提付仲裁、打官司向銀行討公道了。

　　正當大家信心滿滿，照著專業律師整理出的文件名稱，發函向銀行索取相關文件時，某些銀行竟然又以各種藉口百般刁難，作為拒絕提供文件的理由。我們遇到銀行最普遍的藉口竟是「本行查無來函指稱文件，礙難提供」。我們差點又被銀行矇騙了，經過與其他受災戶取得的文件比對後，我們發現各銀行所使用的文件名稱或許有些微差異，但徵、授信和核發交易額度的文件應該都是具備的。以銀行核給客戶交易額度的書面文件名稱為例：A 銀行稱「額度書」、F 銀行叫「風險額度書」、C 銀行則是「綜合額度書」。所以如果向 A 銀行索取「風險額度書」或「綜合額度書」，A 銀行就會回覆你：「本行並無來函所稱文件，礙難提供」。

　　就在銀行不斷刁難、拖延提供文件的手段下，一般受災戶要索取蒐集到完整的相關文件資料，沒有半年以上是很難達成的。我所協助的一家 M 汽車製造公司向 E 銀行索取和交易有關資料，如銀行和上手交易資料

16、銀行收取的權利金 17、未實現市價損失的計算公式及依據 18、強制平倉的計算公式及來源 19、匯附上手水單 20 和針對這家汽車製造公司 KYC 的查核報告 21。一直到已經在法院進行訴訟了，E 銀行始終都是以「和上手有保密協議或這是內部資料」為由，始終不願拿出來讓真相攤在陽光下。

銀行真的有交易嗎？

M 汽車製造公司為什麼堅持要求銀行必須提出上述資料？因為，人民幣 TRF 這種衍生性金融商品，如同「無形商品」22；而且屬於一種「店頭市場」（Over-the-counter；OTC（交易；又稱場外交易，和一般股票市場集中在公開市場交易模式不同，OTC 交易行為和交易條件都不是公開的。

而且，衍生性金融商品所有交易資料與文件，都是銀行單方編製，如：交易確認書、產品說明書、風險預告書、比價通知書、未實現市價損失通知書、徵提保證金通知書、平倉扣帳通知書。除此之外，銀行提不出其他可以證明確實有進行交易的文件與證據。

M 公司董事長 Jeffery 認為，銀行 RM 既然徵授信文件都敢偽造、變造，理專都敢故意隱匿風險和刻意誘騙客戶交易不適合的商品，銀行還有什麼不敢的？所以極度懷疑銀行有進行交易的真實性。

錄音蒐證 VS. 談判

前面曾經說過，許多承作人民幣商品交易的客戶，在銀行客戶關係經理（RM）進行徵、授信作業及對保時，一方面信任 RM 不會亂搞，另一方面，以為銀行用印後會把雙方完整簽署用印的文件提供一份給客戶，所以大多沒有影印存底的習慣。而理專（TMO）推介銷售金融商品，吹噓內容和誇大不實話術的時候，客戶一般也不會進行錄音存證，等到交易結果發生巨大風險（虧損）和理專當初銷售時所講的（沒有風險），完全不是那麼回事的時候，客戶質問理專為什麼當初不把風險說清楚講明白，都只是一味吹噓幾期就能獲利出場，不需要本金、不會有風險等不實話術的時候，理專都會矢口否認曾經這麼說過，甚至辯稱：「有跟客戶說過風險，是他們自己忘記了。」雙方各說各話，客戶也就只能啞巴吃黃蓮。

自救會范淑娟主委（Lola），當初會向 F 銀行投資人民幣組合式商品，完全是看在于小偉（F 銀行客戶關係經理；RM）和她有二十幾年交情的分上，基於捧場的初衷而投資；更是基於信任于小偉當初推介時所說：「這個商品很安全，不用本金沒有風險、幾期就能獲利出場。」所以才會和 F 銀行承作三筆交易，但萬萬沒想到，第三筆交易就讓 Lola 慘賠 270 萬美元。

Lola 是位大方不拘小節的女漢子，笑聲非常豪邁，也是白手起家的女企業主。對於和銀行的爭議一直樂觀看待，而且為了服務自救會成員和自己財產的保衛戰，決定暫時放慢成衣外銷的業務，專心和銀行對抗。雖然平常看不出 Lola 的生活和情緒受到多大影響，但每次提到 F 銀行 RM

于小偉，Lola 就還是會氣得發抖。

比起其他受災戶向銀行索取資料遭遇到的困難，或許是 F 銀行對 Lola 身為自救會主委有所忌憚，也或許是 F 銀行屬於相對大器誠信的銀行，Lola 向 F 銀行索取資料還算順利。可惜 Lola 與 F 銀行交易爭議最重要的證據之一就是 RM 于小偉當時欺騙和隱匿風險的對話內容，當初並沒有想到需要錄音，否則就可以做為呈堂證供，Lola 成功求償的機會自然大增。

大家討論後決定試試「事後錄音蒐證」，想辦法約到于小偉進行錄音 **23**，以聊天方式試著和于小偉重新回到當時情境，聊聊當時于小偉為什麼會說：「幾期就能出場、沒有風險、交易確認書上說風險無限大只是 F 銀行例行保守的寫法，不用在意，實際上不會有風險等內容。」這些話都要讓于小偉在自由意志下自己說出來，或許將來在仲裁或訴訟上可以作為證據，就算無法當作訴訟上的證據，或許有機會可以作為向金管會檢舉的資料。總之，多方蒐集證據資料以備不時之需，對 Lola 而言總是無害的。

Lola、康小姐和我共同討論要如何與于小偉對話，還原于小偉當時最真實的想法和說法，商議演練完成後，Lola 帶著康小姐和于小偉約了幾次餐敘，餐敘中于小偉自己提到推介商品時曾經說過的話，最後于小偉還加碼透露，當時會那麼說的原因和真心話……

在某次台北國賓飯店的餐敘中，于小偉脫口而出：「當初我們根本對這個商品也不懂呀！公司就是這樣教我們的，我當然會說交易確認書上寫的『風險無限大』是我們公司比較保守，才會這樣寫呀……！如果我跟

妳（Lola）說風險會很高，妳還會敢買嗎？」另外，在 104.04.23 餐敘的錄音顯示「于小偉承認確有說過無須本金，三、四個月即可出場，無風險。」Lola 將幾次和于小偉餐敘的對話錄音，請康小姐打成逐字稿，準備在仲裁適當時機，提出來作為讓于小偉啞口無言的證據。

而在協助 Susun 與 Ca 銀行人員洽談解決方案時，也進行了全程錄音，在一次會談中，Ca 銀行的一位協理就很露骨地說：「其實當初在賣這個商品的時候，我們真的也不懂 [24]，真得沒有想到這個商品那麼複雜，風險那麼高 [25]。」聽了這些行員的真心話大冒險後，我才恍然大悟，原來銀行理專賣商品的時候，竟然可以不懂自己賣的是什麼「金融毒品」[26]，為了牟取暴利就一股腦兒地把這種商品神化吹捧，讓更不懂的客戶投資，反正是死道友，又不是死貧道，反正錢我賺，風險客戶擔。

談判 1：富二代的任性與貪婪

Chris 遭到 C 銀行強制平倉後，C 銀行並沒有就此鬆手，反而進一步趕盡殺絕，將 Chris 的紡織廠提報聯徵中心辦理註記 [27]，造成 Chris 向其他銀行申請融資貸款時困難重重，嚴重影響 Chris 紡織廠營運資金周轉。Chris 對此甚為震怒與不安，要求李老大和我務必在最短時間內讓 C 銀行取消註記，並要我們積極與 C 銀行協商和解成數。隨即，李老大和我再次向立法委員張廖萬堅陳情，希望透過金管會的斡旋，讓 C 銀行同意取消註記。

幸好，金管會銀行局諒解 Chris 的紡織廠遭到聯徵中心註記，是因為與 C 銀行商品交易爭議引起的，不同於一般債信不良或刻意違約交割的

情形，所以很快就同意聯徵中心取消對 Chris 紡織廠的註記。同時，李老大和我也和 C 銀行的承辦人員密集進行和解談判。

李老大和我與 C 銀行人員長達近二年的談判，C 銀行願意賠償的成數，從最初淨虧損 317 萬美元的 2.4 成，4 成、4.5 成、6 成，一直到最後提出願意以 7 成和解，李老大和我都覺得 C 銀行真的是夠有誠意了。

李老大很開心，即時回報 Chris 這樣的談判成果，但令人難以理解與遺憾，Chris 仍然不滿意並拒絕以 7 成和解，而且竟然要求 C 銀行必須為他的虧損百分之百負責，並要求 C 銀行也要為向聯徵註記之事賠償與道歉。Chris 這項要求毫無疑問地必然遭到 C 銀行斷然拒絕，並且從此關閉協商大門，最終 Chris 和 C 銀行的交易紛爭，只得靠仲裁解決了。

談判 2：憨厚的有錢人……

另一位受災戶吳敏敏和銀行的談判，則是完全不同於台中 Chris 的風格。在我知道吳敏敏有幾次尋短紀錄的時候，就聽 Susun 說過她為了償還銀行的交割款，一開始就將她位於臨沂街好幾千萬的豪宅減價拋售，吳敏敏的處事風格就是寧願自己破產也不願意欠銀行錢。所以吳敏敏一方面向金融評議中心申請調處並與銀行協商和解，一方面又積極地處理她的房產與店面，幾乎是變賣大部分家產賠給多家銀行。

在協助吳敏敏和銀行談判的過程中，我曾試圖幫吳敏敏爭取保留她安身立命居住的房子供其退休養老，我們提出了償債計畫，同時和多家銀行協商，賣出房子與店面後的價金分配，並要求銀行務必同意給予保留一

定金額供其生活之用。

　　最初，幾家銀行並沒有對我們的要求表示反對，我也特別告訴吳敏敏在銀行還沒有簽署認可這項條件前，千萬不可以讓銀行知道已和買主簽約的事情，避免銀行抓住吳敏敏不能違約的弱點趁機吃乾抹淨，一毛錢也不留給吳敏敏。

　　但我擔心的事情最終還是發生了，吳敏敏又被銀行下了套，在雙方還沒有簽署分配協議前，吳敏敏無意間洩漏了她在東豐街的幾間店面已和買主簽約，這下最大債權銀行當然不會讓吳敏敏有骨頭可剩，要求必須將所有取得之價金全部分配清償，否則吳敏敏就無法取得清償證明，當然就無法依約過戶給新買主而造成違約，情勢急轉直下真是讓我又氣又無奈。

　　對比台中富二代 Chris 的任性與貪婪，相較之下，吳敏敏就顯得誠信與憨厚多了。一樣米養百樣人，但兩人最終的下場，都是因為遭到銀行 RM 慫恿，又太相信理專，忽略金融商品高度的風險，而將自己龐大的資產，拱手獻給了銀行。

註釋

1 自救會成員懷疑銀行有派人滲透到自救會的 LINE 群組，從中製造受災戶間的矛盾，企圖瓦解自救會的組成。

2 連動債訴訟，經統計有 62 件糾紛的投資人，在不同階段有委請律師其中僅有 11 件係投資人勝訴，顯示聘請律師代理並未明顯增加勝訴機會。相對地，除一家銀行外（渣打銀行），銀行絕大多數案件皆有聘請律師，甚至聘請同一律師。103 件糾紛中，至 2011 年 3 月底止有上訴第二審並經判決的案例中，其中僅 17 件糾紛由投資人勝訴（含部分勝訴；若不分一、二審共 35 件判決，其他 86 件則由銀行勝訴），但至 2011 年 3 月底止尚無最高法院判決的案例，在 103 件地方法院的判決中投資人勝訴者僅 11 件，但在 23 件二審判決之中，共 7 件投資人勝訴，其中有 5 件係投資人在一審敗訴後上訴成功，一件維持一審投資人勝訴之判決。（資料來源：《連動債糾紛之司法實踐》/ 陳肇鴻（中研院法學期刊第 10 期）2012.03）。

3 仲裁：不同於法院的三級三審制，依照《仲裁法》的規定，仲裁庭應於 6 個月內作成判斷書，即使案情複雜，必要延長時，也只能延長 3 個月，與法院三級三審制的程序相較，明顯快速許多；而且標的金額越大時，仲裁費用越會比法院裁判費更便宜。受災戶和銀行對比起來財力資源當然遠不如銀行，訴訟拖得越久對受災戶更是不利，因為當初銀行和投資人間簽訂的契約並無仲裁條款，所以自救會希望能爭取到銀行同意仲裁，讓投資人能夠多一條為自己快速爭取權益的救濟管道。

4 金融評議中心全名為「財團法人金融消費評議中心」，簡稱「評議中心」，是依 2011 年公布之《金保法》設立，由行政院金融監督管理委員會百分之百捐助之財團法人。也參考英國「金融公評人機構」；FOS 制度，向金融業收取年費。（資料來源：https://zh.wikipedia.org）

5 詳參〈立法院公報〉第 105 卷 /17 期 / 委員會紀錄。

6 TRF 是一種透過財務槓桿操作的衍生性金融商品（以小博大的財務操作），簡單的說，風險權數就是以小搏大的比重。因此，風險權數攸關投資人所能承受的額度。2014 年銀行訂定 TRF 人民幣，對美元的風險權數，普遍落在 1%~3.5%，幾乎比新台幣的風險權數還低。但到了 2016 年，人民幣 TRF 的風險權數一口氣拉高到 9%~13%，如此一來，投資人原來可以操作槓桿的空間就變小了，在倉部位的未實現市價損失（MTM）就容易暴增，增補保證金和強制平倉的壓力就隨之而來。銀行片面提高風險權數的作法，投資人認為是一種「黑箱作業」（參《工商時報》2016.04.26，朱漢崙），銀行擅自變更遊戲規則（如同變更籌碼的價值），無怪乎立法委員吳秉叡稱此作法形同詐賭

7 在此指的是投資人財務和企業營運上的困境，難以期待透過漫長的司法訴訟程序獲得解決。

8 2008 年連動債爭議時，銀行公會曾經建議以銀行違法不當的銷售態樣進行量化評分，如果銀行違法不當銷售態樣越多，銀行過失的比例就越高，就應該負擔較高的責任與賠償。TRF 自救會製作銀行違法和不當銷售態表給仲裁協會之目的，就是希望能考慮比照這樣的機制進行仲裁判斷，但仲裁協會嗣後似乎並未如此處理。

9 銀行法遵是銀行業的一項職稱，扮演的角色為督促銀行遵循銀行管理法令的人，例如要注意銀行準備金是否足夠、網路交易安全、基金交易風險等。工作內容主要為：風險的第二道管控者，能夠理解風險藏在那裡，有整合跨部門防堵風險的能力。不一定是律師，但要懂法規，要有豐富的金融實務經驗，懂業務，熟悉整個銀行的運作（摘自：TVBS 新聞網；劉俊谷 2016.08.28）。

10 人民幣 TRF 交易，銀行遭許多受災戶檢舉，指稱銀行都是主動幫客戶準備好空白的董事會議紀錄和境外公司的財務報表，並且幫客戶在空白的文件上用印。銀行向金管會說明解釋的理由：銀行基於服務熱忱和好心，才會主動幫客戶準備好制式的董事會議紀錄和境外公司的財務報表，銀行這些行為金管會並未給予具體明確的評價與認定，有些場合還會幫銀行緩頰。

11 依據民事《訴訟法》第 342 條：「聲明書證，係使用他造所執之文書者，應聲請法院命他造提出。
前項聲請，應表明下列各款事項：1. 應命其提出之文書。2. 依該文書應證之事實。3. 文書之內容。4. 文書為他造所執之事由。5. 他造有提出文書義務之原因。
前項第一款及第三款所列事項之表明顯有困難時，法院得命他造為必要之協助」。因此，法院應該可以命令銀行提出相關文件。但是，人民幣 TRF 爭議訴訟時，縱使投資人律師提出聲請要求命銀行提出相關文書，檢察官及法官都忌於命銀行提出；甚且銀行多以該等文書為內部文件（事實上有經投資人簽名用印，屬於雙方的契約文件，怎麼會是銀行內部文件？）或有保密協議為藉口，而拒絕提出之情形，造成投資人於訴訟及仲裁時，舉證相當困難。

12 有些銀行以這些資料和上手有保密約定為由，所以不願提出。但有部分規模較大的銀行，在仲裁及法院訴訟時，願意提出與上手銀行的交易資料。

13 Frank 受到富邦銀行 RM 的誘導，為其個人申辦 OBU 境外公司並協助製作假財報，形式上創設符合專業法人的資格：一方面可以規避金保法對消費者身分的保護，另一方面讓 Frank 以 OBU 境外公司的境外法人身分承作人民幣 TRF 衍生性金融商品。

14 在自救會原本有人倡議：集合相同交易銀行的受災戶，同時向仲裁協會提出仲裁聲請並同時向金管會提出檢舉，一方面給予相同銀行極大壓力，二方面讓相通之銀行疲於奔命，又可同時蒐集比對銀行的辯內容，找尋其中的矛盾，有利受災戶仲裁或訴訟。但因為銀行採行各個擊破之策略，原本的戰略構想未能實現。

15 目前主要的衍生性商品共有：遠期契約（Forwards）、期貨契約（Futures）、交換

契約（Swaps）及選擇權契約（Options）四類，不論在交易所（Exchanges）或店頭市場（Over the Counter Market），各種衍生性金融商品尤其店頭市場，更有許多複雜的合成式產品（Synthetic Product）出現。（資料來源：〈衍生性金融商品概論與實務〉。台灣金融研訓院。）

16 銀行和客戶進行衍生性商品交易，銀行宣稱是以背對背（Back to Back）方式進行。所以客戶希望銀行能提供和上手的交易資料來證明銀行確實有這筆交易，而且交易的內容是相符的。

17 TRF 是由一系列不同到期日的選擇權組合，其中每一到期日包含買入 1 單位的選擇權；賣出 2 單位的選擇權。依據選擇權交易實務，買入選擇權，投資人必須支付權利金；賣出選擇權，投資人可以收取權利金。（資料來源：《專家報告書》／吳庭斌 2022.04.07）。但此項商品交易，許多銀行都沒有交付權利金給投資人，這也是爭議的一部分。

18 銀行通知客戶在倉部位未實現損失金額時只有一串數字，並沒告訴客戶這些數字是如何計算出來，和這數字的來源依據，因此有許多客戶都對這些數字真實性產生懷疑。

19 和未實現市價損失的爭議相同，銀行強制平倉時只提供平倉虧損金額並未告知計算公式和依據，投資人並不信任銀行提出金額的正確性與真實性。

20 人民幣商品交易讓許多投資人對於銀行的信任全面崩盤，懷疑銀行根本沒有進行交易，所以要求銀行必須提供和上手交易匯款給上手的證據資料。

21 銀行對客戶進行認識客戶作業程序後，一般 RM 會在其內部的查核報告說明對客戶的認知並建議銀行核給額度及風險屬性評估等內容，許多客戶懷疑 RM 的報告有造假之嫌。

22 對比一般有形商品，如：房屋、汽車等有形商品；衍生性金融商品，客戶無法觸摸，感知其是否存在，類似一種虛擬的存在價值，如果銀行無法展現或提供足以讓客戶相信確實有交易的相關資料，一旦客戶對銀行信任基礎不存在時，此種交易的真實性，難免遭受客戶懷疑。

23 依據《刑法》第 315 條之 1：「有下列行為之一者，處 3 年以下有期徒刑、拘役或 30 萬元以下罰金：1. 無故利用工具或設備窺視、竊聽他人非公開之活動、言論、談話或身體隱私部位者。2. 無故以錄音、照相、錄影或電磁紀錄竊錄他人非公開之活動、言論、談話或身體隱私部位者」。換言之：如果 1. 錄音是為了取證，沒有其他不法目的。2. 你是對話者其中一方，兩個條件都符合，就可以錄音取證，就不會構成犯罪。（資料來源：《偷偷錄音蒐證，可以嗎？（上）》、《法律護身符》張倍齊律師著。https://hugolawyer.wordpress.com）

24 前行政院長陳冲 2016.10.26 出席自己新書發表會時，就曾對人民幣 TRF 爭議發表

看法認為,「銀行自己都不懂的東西;就不該賣」。(資料來源:信傳媒 / 陳怡樺 2016.10.26)

25 高風險複雜型衍生性金融商品 TRF 剛引進台灣時,人民幣前景一片看好,各家銀行為了大賺手續費即使對於商品似懂非懂也大賣特賣。當時永豐銀行總經理張晉源指出,永豐銀在去年被停賣後就重新審視 TRF 這類高複雜性風險衍生性商品契約,發現太積極、槓桿性太高。(資料來源:《工商時報》2016.01.29)

26 國際貨幣基金(IMF)曾示警在韓國稱為 KIKO 的 TRF 是「金融毒品」。(資料來源:《新新聞》/ 黃琴雅 2020.12.18)

27 C 銀行因與 Chris 有交易爭議,向財團法人金融聯合徵信中心(簡稱「聯徵中心」)對 Chris 的紡織公司信用資料檔案辦理註記,將會使其他金融機構在審查是否核貸時產生質疑而不予融資貸款。所以如果在聯徵中心有被註記時,對於自己在金融機構的信用評等是非常不利的。

Chapter 3
那些年，
我們一起被理專欺騙的事……

　　台灣 2008 年和 2015 年二次銀行與投資人的爭議，許多人都把焦點歸咎於連動債和人民幣 TRF 這兩種商品。但如果我們願意放慢腳步，翻閱本書每一篇受災戶的故事，就會發現，只要去掉「黑心理專」，通常就不會有「黑心商品」出現。

沒有黑心理專，哪來黑心商品！

本書一開始曾經提到香港電影《奪命金》，劇中何韻詩飾演的理專，明知道老婦人 KYC 的風險屬性評估是保守型，根本不適合購買風險屬性積極型的商品。然而理專何韻詩為了自己達成業績，卻用不當話術誘導中年婦人購買超過自己風險承受能力的商品……。

通常，銀行行員對客戶進行徵信、授信、對保作業和銷售商品時，因為需要填寫或用印的文件繁多，行員基於對客戶的服務，往往會主動幫客戶填寫或用印；客戶也因為對銀行行員充分信任，所以任由行員擺佈，配合行員作一些所謂的例行公事。而這些所謂的例行公事，若行員能夠本於專業和職業道德，確實協助客戶執行相關內容填寫，客戶會有一種備受尊重的感覺，銀行對客戶的這些服務倒也無可厚非。但是若行員利用客戶的信任，為了達到特定目的，違反銀行應公平及誠實待客原則，趁機在這些文件上填寫不實內容，這不僅是不道德，更是一種違法行為，應該被嚴厲譴責。

業餘 vs. 專業，傻傻分不清？

台灣法令規定客戶購買金融商品前，銀行需要先認定客戶是屬於「金融消費者」還是「投資人」，是「一般客戶」還是「專業客戶」？作為適合購買商品的判斷基準和適用的法令。這種判斷的標準非常「簡單、奇特」，真是打破我們這種平凡人的思維邏輯，我到現在還是無法理解，這樣的判斷標準倒底是誰想出來的，怎麼都沒人抗議？

　　並不是我愛斤斤計較，是因為金融商品客戶「身分和資格」認定不同就會適用不同的法令，被保護的範圍和周延程度也會不一樣，購買的商品也會有不同限制，各位讀者可要好好瞭解，不要再被 RM 或理專給騙了！

　　要不是 2015 年有機會接觸到銀行銷售商品造成嚴重爭議事件，我真的無法想像，法律上對於金融商品認定「專業」的標準，是用「客戶資產」來衡量的！原來在台灣有錢不僅可以任性，有錢就能成為專業人士，這真是讓人大開眼界！這個問題，我們來看看《金融消費者保護法》是如何規定的。

　　講到《金融消費者保護法》，一般簡稱《金保法》或《金消法》，需要先瞭解這部法令的由來。《金保法》是源於 2008 年發生連動債消費爭議，當時還沒有這部《金保法》，所以法官適用法律時產生疑慮，對當時購買連動債的客戶，是不是屬於消費者保護法規範的「消費者」？在法界有不同見解，為此吵翻了天。而為了解決法界不同見解的爭議，金管會於 2011 年訂定《金融消費者保護法》來作為規範金融商品消費者保護的專法，藉以區別於一般商品消費者適用的《消費者保護法》。

　　投資人可別高興得太早，千萬不要以為有了《金保法》，在台灣投資理財就可以獲得完善保障。雖然 2011 年開始實施《金保法》，但是對於 2011 年以後向銀行購買 TRF 商品而發生爭議的客戶，卻沒有一個人可以適用金保法，當然就不可能獲得《金保法》的保護。

　　讓我來揭露為什麼吧！

　　立法諸公訂定《金保法》時，為銀行開了一扇好大的後門。所謂「道

高一尺，魔高一丈」，《金保法》有這麼一個大漏洞，銀行絕對懂得如何規避。相對的，誤入銀行陷阱的客戶，就只能看得到，用不到。

2015 年當時適用的《金保法》第 4 條 I 項規定：「本法所稱金融消費者，指接受金融服務業提供金融商品或服務者。但不包括下列對象：一、專業投資機構。二、符合一定財力或專業能力之自然人或法人」。同條第 II 項規定：「前項專業投資機構之範圍及一定財力或專業能力之條件，由主管機關定之」。主管機關金管根據這一項授權，於 2011 年 12 月 12 日訂定「符合最近一期之會計報告總資產超過新台幣 5,000 萬元條件者」，就算符合一定財力或專業能力法人之定義[1]。簡單的說：「資產超過新台幣 5,000 萬的法人，就不適用《金保法》規定。」金管會這項定義，讓銀行找到漏洞可鑽，這就是 2015 年銀行與客戶發生爭議的主因之一。

接下來讓我細訴幾則真實故事，讀者就能明白，原來銀行是這樣教 RM 玩弄法令，規避《金保法》的！

｜騙局 1 ｜
RM 動動手指，客戶成了紙上富翁

一般中小企業公司成立的資金都不會太大，幾百萬有之，上千萬已可算是小有規模了。有些中小企業主努力打拚賺到的錢，資產多是累積在老闆個人名下，不會以公司名義購置資產，所以這種中小企業，名下資產一般不會超過新台幣 5,000 萬元。即使有之，在 2013 年 9 月 14 日之前，中央銀行還沒有開放外匯指定銀行（Domestic Banking Unit；DBU）可以

辦理人民幣組合式商品，就算國內中小企業名下資產超過新台幣 5,000 萬元，銀行也不能對其招攬購買人民幣組合式商品。所以就算中央銀行尚未開放指定外匯銀行可以辦理，但只要有暴利可圖，銀行怎麼可能不想辦法賺到手呢？因此無論資產有無超過新台幣 5,000 萬元的國內公司，依法都不具備承作人民幣組合式商品資格，但這一切都難不倒銀行⋯⋯。

所謂「上有政策，下有對策」，神通廣大的 RM 自然都有辦法克服，讓理專接手勸誘客戶投資人民幣組合式商品，大賺其財 [2]。我們就來見識一下，銀行 RM「無中生有」的「手法」吧！

| 騙局 2 |
活化資產？ RM 的連篇鬼話勿輕信

「蘇董，您銀行有那麼多錢放在定存，只賺取那一點的利息，根本沒有辦法抵抗通膨，最近人民幣升值很快，不如買人民幣賺匯差『活化資產』，這樣比賺利息還快⋯⋯」銀行 RM 向蘇董這麼分析。F 銀行 RM 每次來拜訪蘇瑞哲董事長就會如此「殷勤叮嚀」。久而久之，蘇董姑且換了「一些」為數不少的人民幣，沒想到新台幣換人民幣「活化資產」的動作，最後竟因此為蘇董的財產埋下禍根。

就在蘇董聽信 RM 建議，手上有了為數不少的人民幣之後，2014 年 8 月某日，F 銀行 RM 帶著交易室理專來到蘇董公司拜訪。理專拿出金融專業本事，在瞭解蘇董資產配置後，便熱心認真地分析：「蘇董，您手上有人民幣部位，可能要考慮匯率避險的需求。」此時，蘇董內心操著低沉、

有磁性的台灣國語 OS：「蝦毀！你們 RM 跟我說要『活化資產』，不要只會死死的定存，所以要我買人民幣賺匯差，現在你又說因為我手上有人民幣需要匯率避險。我不是一隻牛被你們銀行剝兩層皮，讓你們賺兩次，真是『莊孝維』（裝肖ㄟ）！」

雖然，蘇董內心 OS 非常不以為然，但理專也不是省油的燈。「蘇董，最近人民幣匯率一直升值，有一個專門為人民幣避險需求的商品非常搶手，而且不用本錢，只要向銀行申請風險額度，就可以在這個額度範圍內操作，這個時機入市，不用幾期就能很快獲利了結，賺錢的機會很大喔……」（理專講的口沫橫飛），必然的，蘇董又被說動了。

最終，蘇董願意購買人民幣組合商品，但蘇董擔任負責人的國內公司總資產並沒有超過新台幣 5,000 萬元，依法不屬於專業法人，不可以投資購買這項人民幣商品（其實，是因為當時中央銀行外匯局尚未開放 DBU『外匯指定銀行』可以辦理人民幣 TRF）。

為此，RM 又誘導蘇董：「可以用 OBU 公司帳戶進行投資，因為 OBU 公司財務報表可以自己編製，不需要會計師簽證，更不受國內法令重重限制。」於是，介紹蘇董透過漢邦顧問公司來申請境外公司（COSMO）並設立完成，RM 隨即幫蘇董境外公司 COSMO，編製總資產超過新台幣 5,000 萬元的財務報表[4]，並在 F 銀行開設 OBU 帳戶。

RM 目的與績效終於達成，F 銀行形式上取得銷售人民幣組合式商品給 COSMO 資格。RM 無中生有的這項成就，卻造成蘇董和蘇太太終生難以平復的傷害（包括財務上重大虧損和心理上傷害）。

境外公司～銀行提款機

　　白手起家的吳敏敏，擁有一家經營機械零件的國內公司，最早和吳敏敏接觸的銀行，為使吳敏敏易於進行各種金融商品投資，就已誘導吳敏敏申辦境外公司設立 OBU 帳戶。其後，多家民營銀行有如禿鷹一般，嗅到吳敏敏境外公司 OBU 帳戶的氣味，紛紛來找吳敏敏，企圖遊說她同意以境外公司名義購買金融商品。

　　那段期間，吳敏敏確實和不少銀行有相當多的衍生性金融商品交易，其中有賺有賠，但輸贏不大，大部分時間都是賺多賠少，因此和銀行互動倒也相安無事。直到 Ta 銀行銷售吳敏敏一筆日幣交易的商品，讓吳敏敏一下慘賠新台幣上千萬元，這讓吳敏敏頓時不知所措。

　　Ca 銀行 RM 得到吳敏敏因投資日圓商品慘賠的消息，就跑來吳敏敏公司大力鼓吹，吹噓有一種「人民幣組合式商品」（也就是人民幣 TRF），獲利機會大又快，一開始交易就可以先拿一筆權利金，多少可以貼補日幣交易損失。但是，吳敏敏境外公司信用風險額度使用已經滿額，無法再使用額度交易。

　　正當吳敏敏為此焦慮不已時，Ca 銀行 RM 提出一個解方：「吳姐，妳可以考慮用先生的身分另外再申請一家境外公司……」這樣就可以另外申請信用風險額度，也就可以交易現在最夯的人民幣 TRF 商品了。

　　RM 的這段話讓吳敏敏陷入沉思與長考，日幣那筆交易虧損她先生還不知道，現在又要用他先生名義申請境外公司開設 OBU 帳戶來交易人民

幣商品，被先生發現不知道會有什麼後果。而經過一段時間天人交戰，吳敏敏最終還是接受 Ca 銀行 RM 的建議，用她先生名義另外申辦新的境外公司，同樣的，RM 也幫忙編製資產超過新台幣五千萬元的財務報表，設立 OBU 帳戶並申請 Ca 銀行核給風險額度。

吳敏敏就以此新的 OBU 帳戶，與 Ca 銀行承作多筆人民幣 TRF，以為真的可以把日幣交易虧損的上千萬元賺回來，卻不知人民幣 TRF 這項商品背後隱藏的巨大風險，銀行正虎視眈眈地伺機侵吞吳敏敏的身家。

| 騙局 4 |
RM 乾坤大挪移

讀者應該對於 Lola 不陌生吧！我在協助 Lola 和 F 銀行仲裁的時候，Lola 親自和我及康小姐從頭到尾，把所有蒐集整理到有簽名用印及沒有簽名用印的文件，澈澈底底看了 N 遍；比對 N 遍，最後讓我們從幾份文件中，發現 F 銀行 RM 于小偉和其助理，在創設 GT 為專業投資人過程，相當「刻意」張冠李戴，把 Lola 公司資料登載到 GT 公司資料中（GT 公司是 Lola 外甥婿阿鴻為負責人的境外公司），明顯有資料登載不實的情形。

F 銀行故意將不屬於 Lola 的境外公司，當成 Lola 公司，並將 Lola 本國公司的營業銷售資料，「刻意」登載到負責人不是 Lola 的境外公司，這種假烏龍事件，竟發生在國內數一數二的銀行，真是難以想像！

事情原委是這樣的：

2013 年某日，于小偉藉由和 Lola 餐敘的機會，推銷人民幣組合式商品，但是當時中央銀行還沒有開放外匯指定銀行可以辦理這種商品，僅國際金融業務分行（OBU）可以銷售給設有 OBU 帳戶的境外公司。于小偉記憶中 Lola 以前因為有作國外生意，設有一家境外公司，所以慫恿 Lola 用這家境外公司的 OBU 帳戶向 F 銀行申請風險額度購買人民幣組合式商品。但是，Lola 那家境外公司 GT，已經轉讓給她的外甥女婿阿鴻，GT 公司負責人也改成阿鴻。

于小偉為使 Lola 成為 F 銀行可以銷售人民幣組合式商品的對象[5]，遂誘導 Lola 借用 GT 公司承作，但 GT 公司財務報表顯然不具備承作這項商品的資格。因此，于大偉和他的助理便使出一招「乾坤大挪移」，硬將 GT 公司「編造」成總資產超過新台幣 5,000 萬的境外公司，而且還「創造」成幸德爾公司的關係企業。

時間來到 2013 年 8 月的某日，于小偉讓其助理寄來一大疊「空白」文件，其中有對幸德爾（Lola 為負責人的公司）及 GT 公司徵、授信、對保文件和一份 GT 公司申請風險額度需要調查填寫的「小規模營利事業簡易資料表」，于小偉助理非常「貼心」，在每一份「空白」文件需要簽名用印的頁數及位置，應該簽誰的名字和印章；都特別用標貼紙註明，「服務」真是周到無懈可擊。等到空白文件依照標貼指示都簽名用好印後，康小姐便將文件寄回，于小偉助理即將康小姐寄回已簽名用印文件「空白部分」，依照于大偉期待的結果挪移登載。

Lola 因為信任 F 銀行而且和于小偉也有數十年的交情，相信于小偉會在空白文件欄位上如實正確填寫各項資料，便沒有多所在意。

沒想到于小偉真是聰明過人，具有堅定的職人精神，硬是將 Lola 幸

德爾公司的營運狀況及資產，鬼斧神工的「融合」到阿鴻 GT 公司的「小規模營利事業簡易資料表」裡，大量增加 GT 公司資產總額，還在 GT 公司簡易資料表裡，填上「實際負責人范淑娟……」，並在認識客戶作業內部報告，將幸德爾和 GT 公司間的關係作了完美連結 **6**（把 GT 變成幸德爾公司境外關係企業）。

　　最後 GT 公司在于小偉和其助理合作無間下，終於成為資產超過新台幣 5,000 萬的專業法人。當然，這也種下 Lola 虧損高達美金 270 萬元的苦果。

| 騙局 5 |
假資料滿天飛？！

　　相較於前面提及的幾家民營銀行所作所為，ET 銀行 RM 膽大妄為的程度與面對爭議的處理態度，沒有最壞只有更壞，已經到了令人髮指的地步。你可能無法想像，ET 銀行 RM 為了「創造客戶來源」，使本來不具有承作人民幣組合式商品（複雜高風險衍生性金融商品）條件的客戶，「變成」有條件承作。換句話說，就是為了讓 ET 銀行原本不能銷售的對象（M 公司），成為可以銷售的客戶，而在徵提文件上大動手腳。嗣後，經過 Vivien 與我再三比對內容與事實完全不符，才發現 ET 銀行 RM 行為手段與心態實在可議。

　　前面提到的 Vivien 是 M 汽車製造公司交易當時的董事長，和 ET 銀行自 2005 年起往來相當長的時間，RM 對於 M 公司的經營項目相當熟悉，

知道 M 公司有歐元和韓圓避險需求，但完全沒有人民幣的避險需求，而且 M 公司向來經營保守，投資理財也多以穩健避險為主。然而，自從人民幣組合式商品在金融市場蓬勃發展，ET 銀行理專就一直很殷勤的到 M 公司，慫恿 Vivien 購買人民幣商品。由於 M 公司是國內企業，沒有境外公司，實收資本額確實超過新台幣 5,000 萬以上，所以被認定為專業法人，這一點並沒有爭議。

但是，ET 銀行 RM 林象棋和 M 公司往來已有相當久的時間，清楚知道 M 公司相當保守且守法，不具有交易資格的商品，不會也不敢承作。也知道 M 公司長期以來需要及適合投資的商品屬性與風險等級，人民幣 TRF 絕對不適合 M 公司承作。

在此有需要先讓讀者瞭解，銀行銷售金融商品是有分級制度的，銀行不能亂賣商品給不夠級數的人，縱然是專業法人也不是所有商品都具備購買的條件，除了需要顧及投資人的「意願、過往交易經驗、專業能力和財力」外，還有最重要的就是「商品適合度」的問題。

這裡所謂的「意願」，在法人就是要經過「董事會」同意，要在「董事會議紀錄」，明確記載表示同意承作的「風險屬性」和「能夠承受的風險等級」。而「意願、過往交易經驗、專業能力和財力」就是銀行銷售金融商品給客戶前，最重要的認識客戶作業（Know Your Customer；KYC），這項作業銀行必須要確實忠誠地執行，不可以有任何造假不實，否則是很嚴重的違紀事件，KYC 不確實在國際上動輒會被主管機關裁罰數億元美金[7]，案例時有所聞。

既然有分級制度，原來不該發生的事情，卻仍真實的發生了，而且還不只一次的重複上演！時間回溯到 2014 年 9 月 4 日，ET 銀行 RM 林象

棋指示助理寄來一封電子郵件給 M 公司會計闕課長，電郵上寫著：「為配合主管機關對於 TMU 額度作業管理要求，本行已對現有 TMU 額度申請文件做適度更新（詳附件），並將依新版文件重新申請額度，預計 9／20 起適用新額度，屆期未完成新額度申請將無法承作新交易，敬請見諒。下列附件第三頁需蓋公司章及負責人親簽……」。所謂附件就是空白的「辦理衍生性金融商品業務客戶屬性及認識客戶調查表」（即 KYC）[8]，第三頁就是 M 公司負責人需要簽字用印的地方。

2014 年 10 月 9 日，ET 銀行 RM 林象棋和理專一行二人帶著厚厚一疊的文件到 M 公司辦理對保，理專負責和董事長 Vivien 聊天，RM 林象棋翻開每份文件需要簽字的地方，導引 Vivien 直接在上面簽字，並特別「熱心主動」的跟 Vivien 表達，因為文件太多由他來幫忙用印。其中夾著二份標題為「M 汽車製造股份有限公司董事會議紀錄」的空白文件，一份為 M 公司向 ET 銀行申請融資貸款用的，另一份為申請 TMU 交易額度用的[9]，印章都交由 RM 林象棋蓋章用印。對保手續完成後，RM 林象棋就將所有完成簽名用印的文件，包括先前電子郵件寄來的空白 KYC，一併攜回。

所幸 M 公司會計闕課長工作習慣良好，在林象棋將所有文件攜回前，都有將文件影印存檔的習慣，當時闕課長影印存檔的 KYC 和為申請 TMU 交易額度用的「M 汽車製造股份有限公司董事會議紀錄」文件，除了已有用印的印文外，這兩份文件上的空白欄位並沒有填上任何文字。

等到人民幣商品爆發爭議，M 公司向 ET 銀行索取 KYC 和董事會議紀錄後，才發現 KYC 和董事會議紀錄，原本空白的欄位都被 ET 公司 RM 林象棋指示其助理在未經 M 公司同意下（也就是 M 公司不知情下），

擅自填寫與事實不符的內容（這與 M 公司先前幾十年勾選和填寫的 KYC 內容與評比結果大不相同，顯然 RM 就是刻意設計 M 公司成為具有交易人民幣 TRF 商品等級條件之客戶）。換句話說，就是因為這兩份文件登載不實，讓原本不具承作人民幣組合式商品資格的 M 公司在不知情下，又因 ET 銀行理專以似是而非且讓人聽不懂的專業話術誤導，而購買了人民幣組合式商品。

當然，最終和其他受災戶下場一樣：「慘賠」！

本書一再提及，不論是個人或公司法人向銀行購買金融商品前，KYC 對於客戶和銀行來說都是最重要的資料文件，這份 KYC 的真確性，一方面攸關理專判斷推介符合客戶需求與適合的商品，另一方面，也作為客戶選擇符合自己商品屬性與可承受風險等級的評量依據。

由於 KYC 實在太重要了，本書願意花一些篇幅，針對 KYC 好好介紹一番，以下特別選用安泰商業銀行制訂的「辦理衍生性金融商品業務客戶屬性及認識客戶調查表」為例（表 3-1），提供讀者清楚知道，向銀行購買金融商品前填寫的 KYC，務必要瞭解每一個欄位的提問，仔細地、真實地親自填寫（或至少要清楚瞭解每一項勾選欄位專有名詞的意思，如果理專有從旁建議或誘導勾選的欄位內容，此時更要仔細思考和自己本身的情形和意願是否相符，不要受到理專不當的影響）：

表 3-1 辦理衍生性金融商品業務客戶屬性及認識客戶調查表

（境內法人客戶）
填表日期：＿＿＿＿＿＿＿＿＿

壹、評定依據

依據金融監督管理委員會「銀行辦理衍生性金融商品業務應注意事項」之標準進行評估；專業客戶除專業機構投資人外，得以書面方式向本行申請為一般客戶。

貳、訪談紀錄

時間＿＿＿年＿＿＿月＿＿＿日＿＿＿時

地點＿＿＿＿＿＿＿＿＿＿＿＿＿＿＿＿＿＿

受訪對象＿＿＿＿＿＿＿＿＿＿＿＿＿＿＿＿

訪談人員　RM＿＿＿＿＿＿＿＿＿＿＿＿＿

TMO＿＿＿＿＿＿＿＿＿＿＿＿＿＿＿＿＿

參、客戶名稱及專業客戶評定標準

客戶名稱	M汽車製造股份有限公司	統一編號	
1. 是否爲中華民國境內之法人投資人。			□是　□否
2. 是否爲專業機構投資人（包含：銀行、保險公司、票券金融公司、證券商、基金管理公司、政府投資機構、政府基金、退休基金、共同基金、單位信託、證券投資信託公司、證券投資顧問公司、信託業、期貨商、期貨服務事業及其他經行政院金融監督管理委員會核准之機構）			□是　　□否
3. 最近一期經會計師查核或核閱之會計報告總資產超過新台幣5,000萬元之法人或基金。			□是　□否
4. 簽訂信託契約之信託業，其委託人符合上述第3項。			□是　　□否

肆、屬性評定

□ 專業機構投資人（同時符合上表1及2者）

□ 專業法人（同時符合上表1，並符合3或4之一者）

□ 法人之一般客戶（未符合上述專業投資人資格之法人客戶）

伍、客戶基本資料

有權交易人員姓名	
聯絡電話	
與本行交易方式	□電話下單　□傳眞　□ mail □其他 _____
公司營運實際收付幣別	□ TWD　□ USD　□ CNY ／ CNH □其他 _____
公司營運所需原物料類別	□銅□鋁□鎳□其他
年營收	
淨值	
金融同業核予衍生性商品交易額度 □無其他往來銀行　　□ 1～2家　　□ 3～4家　　□ 4家以上 _____ 銀行　額度 _____　　_____ 銀行　額度 _____ _____ 銀行　額度 _____　　_____ 銀行　額度 _____ _____ 銀行　額度 _____　　_____ 銀行　額度 _____	

陸、客戶風險承擔評估

檢核項目	1	3	
1. 客戶屬性	☐法人一般客戶		
2. 承作衍生性金融商品目的	☐避險目的		
3. 公司承作衍生性金融商品經驗	☐無經驗	☐ 1～2Y	
	勾選無經驗者，請評述客戶承作原		
4. 過去衍生性金融商品交易經驗（以下項目分數合計）			
4-1 商品類型	☐組合式產品	☐利率相關	
4-2 選擇權基本知識	☐無經驗	☐買進選擇權（風險有限，獲利無限）	
4-3 複雜度	☐買進簡單型選擇權		
4-4 天期	☐ 3M 以內	☐ 3～6M	
5. 公司過去承作衍生性金融商品損益紀錄	☐無經驗	☐有重大虧損（金額＿＿）	
6. 公司董事會或股東會通過操作衍生性商品之授權（可複選，分數累加）	☐組合式產品	☐利率相關	
7. 公司是否依規定於財報上揭露衍生性商品市價及出示會計師註記	☐否		
8. 公司是否訂定金融交易規範	☐否		

備註：一、法人金融授信申請書綜合分析亦屬認識客戶程序之文件。二、公開發司，則須徵提載有客戶得為衍生性金融商品之「董事會決議錄」，以了解公司可

評量分數		
5	7	9
□法人專業客戶		□專業機構投資人
□部分交易部分避險		□交易目的
□3～5Y	□6～8Y	□8Y以上
因、風險承擔能力及商品瞭解程度於後；並直接至第5題。		
□股票相關	□外匯相關	□原物料
	□賣出選擇權（獲利有限，風險無限）	□同時結合買進與賣出選擇權
□賣出簡單型選擇權		□賣出複雜型選擇權（TRF / Plovt / KIKO）
□6M～1Y	□1～2Y	□2年（含）以上
□有獲利	□損益兩平	□符合公司避險操作
□股票相關	□外匯相關	□原物料
		□是
		□是

行公司，須徵提客戶公司現行「取得或處份資產處理程序」；非公開發行公
承作商品之內部授權。

風險評量總分【　　　】	客戶風險屬性	客戶可承作產品種類
□ 25 分（含）以下	□ 保守型	□ RR1
□ 26 ～ 43 分（含）	□ 保守偏穩健型	□ RR1 ～ RR2
□ 44 ～ 55 分（含）	□ 穩健型	□ RR1 ～ RR3
□ 56 ～ 59 分（含）	□ 穩健偏積極型	□ RR1 ～ RR4
□ 60 分（含）以上	□ 積極型	□ RR1 ～ RR5

客戶簽章：＿＿＿＿＿＿＿＿＿＿＿＿＿＿＿＿＿

資料來源：安泰銀行
表格整理：作者

　　俗語說「內行看門道，外行看熱鬧」，安泰銀行這份「辦理衍生性金融商品業務客戶屬性及認識客戶調查表」（KYC），文字內容本身就藏有陷阱，當然在填寫這份 KYC 時，也可以從操作上的技巧達到 RM 和理專預先設定的目標（也就是 RM 和理專預設的評量分數）。而以安泰銀行這份 2014 年 9 月版和 2013 年 4 月版兩相比較，可以發現有非常弔詭的設定方式，讓人對銀行 KYC 的客觀性，不得不產生質疑。且容我們先梳理一下這份 KYC 的幾個重點「文字」的疑問：例如「陸、客戶風險承擔評估、承作衍生性金融商品目的是『交易目的』等」。不知道金融專業的定義，這個所謂「交易目的」是不是有特殊解釋，與我們平常對中文文義的理解有所不同？但是在這份 KYC 表格裡，並沒有看到有對「交易目的」作特別的定義解釋，理論上和一般人對字面意思的理解，應該不會有太大的差異吧！

　　從一般人的理解，交易目的是購買商品的一種動機吧！譬如說，我買這間房子是為了自己要住，所以「自住」是我買這間房子的交易目的；如果說我買這間房子是為了要投資，所以「投資」是我買這間房子的交易目的，應該不會有人說「我買這間房子是為了交易目的」吧！所以這份KYC裡所謂「交易目的」到底是什麼意思？

　　依據安泰銀行說法，「交易目的」就等於「投資」等於「非避險交易」，這和我們一般人對中文意思上的理解與運用，實在差距太大了，不知道各位讀者會不會覺得這樣的解讀有點「瞎」！如果依照安泰銀行說法，「避險」呢？客戶為了避險和銀行交易，避險是客戶的交易目的：非避險也是交易目的！安泰銀行怎麼會把「交易目的」的詞性直接解釋為非避險？安泰銀行對文字如此解讀，真是令人匪夷所思？

　　我核對了安泰銀行2013年4月版的KYC和這份2014年9月版最大的不同在於商品種類的評分標準變動差異頗大，變動的邏輯與原因不明，所以令許多人質疑，銀行卻無法自圓其說。以下我用對照的方式（表3-2），讓讀者一起比對安泰銀行2013年與2014年KYC商品類型，評分標準的差異：

表 3-2 安泰銀行 KYC 差異表

評量分數	1	3	5	7	9
2013.04 版	無經驗	原物料	外匯相關	利率相關	組合式產品
2014.09 版	組合式產品	利率相關	股票相關	外匯相關	原物料

資料來源：安泰銀行 2013 ～ 2014 年
表格整理：作者

上表所呈現的，可以很明顯看出，2013 年組合式商品是 9 分，但 2014 年組合式商品卻變成 1 分。2013 年原物料 2 分，2014 年原物料則暴增為 9 分，2013 年利率相關 7 分，2014 年利率相關 3 分，2013 年外匯相關 5 分，2014 年外匯相關卻提高到 7 分。

我們真的無法知悉並理解，安泰銀行針對商品類型，設定 KYC 評分標準的依據究竟是什麼？我們只能說「毫無邏輯的 KYC」合理嗎？能真實反映客戶需求提供適合的商品嗎？或是說，每次設定 KYC 表，都是 RM 和理專為了推銷特定商品，精心設計「為銀行銷售需求化」而量身打造的？

專業術語＝高級騙術

　　2013 年 9 月 11 日，ET 銀行協理祝美美，為了設計讓現成的客戶 M 公司願意購買人民幣組合式商品，對 M 公司會計人員極盡誤導之能事，硬是把沒有人民幣部位避險需求的 M 公司，以人民幣將持續升值，廠商會要求提高美金價格，等同於有人民幣避險需求，這些似是而非的話術，誘導 M 公司會計人員誤以為真。我們一起來看看，當時 ET 銀行理專和 M 公司會計人員的對話：

　　ET 銀行理專：「……如果你是想建立一些人民幣部位，你用這個可以，就算你賣在 6.4 也還可以。」

　　M 公司會計：「但我老實講，站在公司的狀況，實質部位沒有人民幣需求。」

　　ET 銀行理專：「我覺得你們沒有。」

　　M 公司會計：「現在的交易還沒有談到人民幣，是有人去問過，但還沒有那個需求，對方還是用美金報價。對方用美金可以退稅，出口才能退稅，所以好像還沒有用人民幣。」

　　ET 銀行理專：「可是你要想好喔！人民幣繼續升值，所以美金價格可能還是會幫你提高，他還是希望你們用多一點美金，因為結果其實是一樣的，通通隱含在裡面，再轉嫁給你們，對不對？這也是有可能……。」

　　2015 年 8 月 3 日，ET 銀行經理黃可可，以一封電子郵件，強調波動度大價格較好；預估 2～3 期就能出場，擺明知道客戶根本不懂匯率選擇

權商品，造成 M 公司錯誤認知與誤判。光是這一筆交易，就讓 M 公司慘賠高達美金 180 萬元 **10**。我們來看看理專黃可可誇大不實的專業術語、高級騙術：

「這兩天人民幣的波動大幅上升，價格較好，預期人行在 10 月 SDR 會議之前，還是會對人民幣匯價有一定程度的防守」**11**。「CNY 的點數放在 800 點，預期 2 ～ 3 次有機會出場，今日 CNY FIXING 中間價開在 6.1169」。

嗣後，中央銀行總裁楊金龍及中央大學財務金融系吳庭斌教授證實，波動度大代表的意思：對客戶而言風險更高，價格好是對買方的銀行而言，對賣方的客戶來說根本就是進入暴風圈，簡單的說：當目標貨幣匯率波動度大的時候，就是風險越高的時期，ET 銀行理專隱匿不告知最重要的風險問題，用聲東擊西的話術，真不知道是刻意誤導客戶，還是銀行理專自己也不懂？

另一個銀行利用專業術語，施行高級騙術的例子，非 C 銀行理專文宣莫屬。2013 年 8 月，理專吳協理拿了幾張文宣給台中大里 Chris，內容大致爲：「人民幣策略穩健，權利金收益的報酬率爲 12.5%，履約價格遠（須回貶 14% 以上「才」有「風險」）」。

2014 年 2 月理專吳協理又傳來〈歐元策略〉文宣：「特色：1. 獲利區間達 1000 點。2.只要獲利點數>1200 點即出場（預估 2 個月快速出場）。3. 風險：歐元漲破 1.40 OR 歐元跌破 1.30 ……成功出場，策略獲利至少美金 18,000 元。」

讀者對於上面文宣的理解是什麼？是看了這樣的文宣內容就有了投

資的衝動，還是會質疑這份文宣內容的可信度？或許見仁見智，總之，留英碩士總經理 Chris 在理專吳協理的推波助瀾下，他是信了也投了，結果就是「慘賠」！

我們回過頭來一起檢視這兩份文宣的內容，第一份文宣提到：「穩健權利金收益」，會不會讓人誤以為可以「持續」收取權利金？整句話看下來，翻成大白話：可以持續收取權利金，報酬率很高，而且幾乎不會有風險。而第二份文宣內容，一般人容易注意到的重點，翻成大白話就是，2 個月左右就能獲利出場，而且獲利至少美金 18,000 元。

上面二份文宣的內容，幾乎看不到〈人民幣策略〉和〈歐元策略〉會有什麼「具體可能的風險」[12]，誘導客戶目光的重點都是放在「獲利」。通常，商品銷售話術聚焦在商品優勢並適度的誇大，隱匿缺點原本無可厚非。但在金融商品則不同於一般商品，獲利和風險應該「等量齊觀，同等重要」[13]，都是金融商品應該被充分揭露的重點，理專應該忠誠的向客戶清楚說明。如果，文宣上只聚焦在誇大不實的獲利，刻意隱匿可能風險或誘導客戶忽略風險，這不是欺騙，什麼才是欺騙？

有「告」沒有「知」—
所謂風險控管，根本就是一場春夢

在人民幣組合式商品客戶與銀行間另一個主要爭議，就是客戶認為銀行理專沒有盡到充分告知風險的義務，而銀行則提出「風險預告書」和「風險告知的錄音」作為抗辯。那麼，銀行到底算不算已經有充分告知客戶風險呢？這個爭議得從相關法令規定、銀行風險告知內容和爭議商品真正的風險是什麼進行探討，讓大家做一個客觀的公評。

我們先來瞭解法令規定銀行告知風險的義務到什麼程度，依據 2011 年頒布 [14] 的《金保法》第 10 條第 1 項規定：「金融服務業與金融消費者訂立提供金融商品或服務之契約前，應向金融消費者充分說明該金融商品、服務及契約之重要內容，並充分揭露其風險」。又「前項金融服務業對金融消費者進行之說明及揭露，應以金融消費者能充分瞭解方式為之，其內容應包括但不限交易成本、可能之收益及風險等有關金融消費者權益之重要內容；其相關應遵循事項之辦法，由主管機關定之」。

第 11 條第 1 項規定：「金融服務業違反前二條規定，致金融消費者受有損害者，應負損害賠償責任。但金融服務業能證明損害之發生非因其未充分瞭解金融消費者之商品或服務適合度或非因其未說明、說明不實、錯誤或未充分揭露風險之事項所致者，不在此限」。

本書前曾提到，人民幣商品爭議許多客戶都被銀行運用各種方式設計成為專業法人客戶，所以並不適用金保法，而是適用 2013 年「銀行辦理衍生性金融商品業務應注意事項」和後來 2015 訂定頒布的《銀行辦理

衍生性金融商品業務內部作業制度及程序管理辦法》。**15**

　　依據 2015 年訂定頒布的《銀行辦理衍生性金融商品業務內部作業制度及程序管理辦法》第 25 條第 3 項規定：「銀行向非屬專業機構投資人之客戶提供複雜性高風險商品，應充分告知該金融商品、服務及契約之重要內容，包括交易條件重要內容及揭露相關風險，上該說明及揭露，除以非臨櫃之自動化通路交易或客戶不予同意之情形外，應以錄音或錄影方式保留紀錄」。

　　同條第 4 項則規定：「前項銀行告知內容範圍及錄音或錄影方式，由銀行公會訂定，並報本會備查」。

　　總的來說，前面揭示的幾個法令條文，規範銀行「應充分告知」、「交易條件重要內容」及「揭露相關風險」，都只是「抽象」的形容詞，而錄音告知的內容和範圍則由銀行公會訂定，除了等同提供銀行護身符外，這種抽象籠統的規定，提供銀行要弄客戶、仲裁庭、檢察官和法官，誤以為銀行已充分揭露風險的假象 **16**。

　　我所遇到的真實情況就是，銀行提供所謂的「風險預告書」和「風險告知的罐頭錄音」，客戶看不懂也聽不懂（當然客戶一開始也並不在意），嗣後就算客戶和律師針對商品特性提出具體風險說破了嘴，許多仲裁人和法官認為銀行既然有提出「標題」為「風險預告書」的書面；也有「罐頭錄音的風險告知」**17**，就直接認定銀行已經盡到風險告知義務。目前所知道的，除台北地方法院 104 年度重訴字第 1258 號民事判決，法官相當盡責地提出具體見解外，其他仲裁人和法官對銀行是否盡到「實質的」風險告知義務，似乎並沒有進行翔實的調查與瞭解。

　　每一筆交易，銀行大致會提供二次「風險預告書」和一次「罐頭錄音風險告知」。乍看之下，銀行好像真的已善盡風險告知義務，但我們進一步說明銀行提供的時機和內容，讀者或許就會有不同想法了。

　　實務上，每一位客戶和銀行第一次進行衍生性金融商品前，銀行會提供一份名為「風險預告書」的文件，這份風險預告書只是一般性提示，並不針對任何特定商品風險進行說明。銀行第二次提供「風險預告書」則是在每一筆交易完成「後」才提供給客戶，而且內容和第一次提供的風險預告書，幾乎百分之九十九相同。

　　至於所謂「罐頭錄音風險告知」，許多銀行理專操作手法和港劇《奪命金》裡何韻詩扮演的理專一樣，先告訴客戶是主管機關要求的例行公事，鬆懈客戶心防。然後引導中年婦人「待會兒錄音開始會問客戶是否明白」，您要回答「是；明白」或「是；瞭解」，如果客戶稍有遲疑，就會中斷錄音。在台灣理專也會使用相同手法引導客戶回答；並且還會引導客戶，當錄音詢問此筆交易是避險還是交易目的時，要回答「交易目的」。

　　經過計算，以安泰銀行罐頭錄音為例，針對風險告知內容從頭至尾大約只花了 58 秒，在這短短的時間內，恐怕就算是金融專業人士（包括金融學者），也未必能全部聽得清楚並理解內容所表達的風險意涵，更何況一般客戶能理解的程度。

金融大白鯊為求平倉，偷搶拐騙外帶恐嚇

購買外匯選擇權商品，最可怕的就是屋漏偏逢連夜雨的連鎖反應，當波動度大的時候往往造成「未實現市價損失」飆升，此時銀行便會急急如律令地向客戶徵提保證金。而通常銀行會徵提保證金，代表客戶當期比價虧損機會大增需要交割付款，此時客戶蠟燭兩頭燒，必須提出大量現金支應，當客戶無力提出鉅額保證金及交割款時，接著要面對的就是被銀行強制平倉的命運。

2015 年 811 匯改事件後，人民幣波動度變大，客戶人民幣部位未實現市價損失急遽增加，因此產生各種連鎖效應，又屢屢遭到銀行採取的各種手段凌遲而驚慌失措，最後損失慘重。

還記得前面提到台中 Chris 吧，2016 年農曆年剛過，就遭到 C 銀行搶奪式偷偷的強制平倉，將 Chris 放在 C 銀行的定存全部扣帳抵銷，殺的 Chris 措手不及，一夕之間存放在 C 銀行的幾百萬美金定存全被銀行逕行扣帳收取殆盡。對於一件具有高度爭議的投資理財案件，Chris 既有提供期初保證金，在銀行又有定存質押，銀行卻仍任意將客戶在倉部位強制平倉，如此作法實在值得商榷 [18]。

而 Lola 應該是我接觸購買人民幣商品這件事上，承作筆數最少且在還沒有產生損失前（當時還在獲利狀態），因嗣後發現這種商品風險實在太大（根本就不是如理專所說，沒有風險；3～4 期就能獲利出場），因而主動向銀行要求終止契約，卻仍遭銀行拒絕並要求高額平倉金的唯一案例。

　　事情回溯到 2015 年 2 月 4 日，這是在發生 811 匯改人民幣大跌之前，Lola 當時與 SP 銀行交易的在倉部位還是獲利狀態，便與律師商討發函給 SP 銀行終止人民幣商品交易，沒多久 SP 銀行也請律師回覆告知：終止契約 Lola 需支付平倉費約美金 90 萬元，Lola 頓時不知所措，暫時就不了了之 **19**。

　　直到 8 月 27 日，因 811 人民幣匯改，Lola 帳上價值（未實現市價損失）顯示虧損，SP 銀行林經理等一行人突然來到 Lola 公司拜訪，以 9 月 8 日的交割款美金 29,720 元尚未支付，表示 SP 將進行平倉，希望 Lola 就平倉金額，能處理多少是多少（意指期望 Lola 同意平倉，並盡量支付平倉金），其他的就由 SP 銀行來處理（表示不足的部分由銀行融資貸款給 Lola），也就是盡量往中間靠攏（雙方達到一個平衡點），看如何認列停損。

　　Lola 無法接受只因為一期交割款美金 29,720 元尚未支付（因知悉這項商品有重大爭議），SP 銀行就要求平倉，於是向立法委員陳情，9 月 22 日立法委員吳秉叡辦公室主任許顧問應 Lola 陳情，邀請銀行局官員、SP 銀行和 Lola（康小姐陪同），就人民幣組合式商品平倉問題進行協調。會議中銀行重申要求：1. 直接平倉；2. 用選擇權（買權）對沖；3. 一期一期清償。反觀 Lola 認為，上面三種方案完全是站在銀行利益思考，實在無法接受。接著 Lola 鉅細靡遺地述說：「當初皆因 SP 銀行 RM 在 KYC 上登載不實，理專刻意誤導勸誘推銷不適當的商品，造成 Lola 公司處於空前的財務危機，而且在 2 月 4 日寄發律師函表示終止契約時，並未虧損（當下甚至是獲利的情形下），並不是自己願賭不服輸，SP 銀行才是應該負起最大責任的人。」

　　Lola 絕非不明事理的人，當場應允同意負擔平倉金額的一半，康小姐見 SP 銀行出席代表並未答應 Lola 承諾的損害分攤方案，深怕銀行只選擇對自己有利部分「直接平倉」的解讀，因而忽略銀行也須承擔責任的要求，所以當場立馬補上一句：「前提是先談好 SP 願意承擔的成數，再談平倉⋯⋯」（就是還沒有同意平倉，要 SP 銀行確認願意分攤的成數，雙方達成共識才願意平倉），SP 銀行楊經理表示理解並回覆「沒問題」。

　　協調會後，Lola 以為雙方已經達成共識，特別交代康小姐密切和 SP 行員聯繫，並等待 SP 銀行回覆願意負擔平倉的成數。沒想到幾天後，SP 銀行竟然破壞雙方達成的共識，以迅雷不及掩耳的速度將 Lola 在倉部位逕行平倉，這招讓 Lola 完全無法接受，一時情緒發洩，大罵 SP 銀行簡直是「騙子」！

　　SP 銀行違反協議的作法，對 Lola 而言簡直晴天霹靂，內心即憤怒又無奈，沒想到銀行竟然如此不講誠信，將一輩子努力辛苦打拚累積的財富，一夕之間就被銀行這樣強取豪奪。

　　當康小姐播放當初打電話向吳秉叡委員辦公室許主任求助的錄音，我能完全感受 Lola 與康小姐當時的驚慌與恐懼，手足無措不知該如何是好。康小姐不斷拚命地打電話詢問銀行人員為什麼如此草率不守信用，更不斷打電話向許顧問求助，那種彷彿世界末日到來，略帶顫抖又無助的聲音，直到現在我仍然記憶猶新，她們二人當時有多麼驚恐！

　　強制平倉對銀行而言只是一串冷冰冰的數字，但對投資人而言，卻是一輩子的「身家」化為烏有。

行員冷漠嗜血，毫無同理心可言

談到銀行冷漠嗜血成性的一面，Lola 應該是受災戶中頗有感觸的一位。追溯到 2015 年 2 月 4 日，除了和上述 SP 銀行的纏鬥外，Lola 同時寄發律師函給另一家交易的 F 銀行，同樣表示要終止合約（當時 Lola 和 F 銀行仍有一筆交易尚未出場，但和 SP 銀行的交易情況相同，當時都是在獲利的狀況下）。

F 銀行也回覆一份律師函，表示終止合約需要支付美金 3,062,352 元，Lola 當下看到這個數字簡直嚇傻了，這根本就是個天文數字，誰有這個能耐負擔如此巨額的平倉費？Lola 再度透過康小姐向吳秉叡國會辦公室許顧問求救，許顧問相當訝異，因為這是他所見過還在獲利中的投資人，主動請求終止合約卻需要支付那麼高額的平倉金，故而他立馬轉請 F 銀行妥善處理。

隨後幾日，F 銀行指派幾位高階主管到 Lola 公司討論終止契約及平倉的事。當天，Lola 和康小姐對銀行人員仍以禮相待，銀行高階主管卻首先發難：「范總，如果妳執意終止契約，就得支付平倉費用美金 3,062,352 元，到時候如果范總無法交割，我們就會透過法務催收單位對范總天母的不動產強制執行……。」Lola 被這二位銀行主管這麼一恐嚇，就只能乖乖的不敢再提終止契約了。

而二位 F 銀行高層趁著 Lola 離席接聽電話之際，彼此間以嘻笑輕蔑、看笑話的態度竊竊私語：「ㄟ，她住的房子剛好叫『富豪華城』耶，注定就是要由我們銀行強制執行接收吧！」這段竊竊私語的對話，真是讓人不禁心寒；這兩位銀行高層的心態，充分顯露銀行人員冷漠與嗜血，絲毫沒

有同理心。

強制平倉，再被扒一層皮？

ET 銀行主管對著 Jeffery 說：「我們被總經理交代過非常多次，所有的價格絕對透明的，然後直接就是成本價報給客戶」。「不過這個你放心就是說其實這個基本上來講平倉價格絕對不是你輸，我們銀行贏，其實基本上這個都是我們銀行其實是直接把這個部位轉化到國外的上手，所以上手基本上如果報 100 萬美金，我們平倉就是 100 萬不會說 charge 任何一毛費用，這個倒是可以給予你保證，就是說我們現在目前針對我們交易輸入的交易點，只要有做到平倉的動作的話，就一律紙本報給客戶，這個倒可以放心，但是我們會積極的幫你跟對方就是國外的銀行去協調這個價格，就是價格一定要不能跟市價差距太大」。

ET 銀行主管接著說：「我的意思是說，明天要做完這個決定，如果明天到下午 3 點甚至到 5 點以前都沒關係，但如果 5 點過後仍無法降下來……，到了後天，我們可能就不會問你要不要？……而且若明天依舊無法解決，那麼後天可能就不會再問說要做多少，可能就直接先做了。」

這是 2016 年 1 月 6 日，ET 銀行高階主管到 M 公司和新任董事長 Jeffery 洽談追繳保證金和平倉的事。Jeffery 不敢再相信銀行的說詞，一再探詢平倉金額的計算方式，並要求銀行洽詢最優惠的價格，ET 銀行高階主管無法具體說出平倉金額如何計算，只是一直強調會多找幾家上手銀行報價，且不斷拍胸脯保證，所有平倉交易 ET 銀行一毛錢不賺，只會按上手給的成本價向 M 公司收取，銀行主管一臉誠懇努力取信於 Jeffery 的樣子。

　　當時氛圍銀行主管的說法已經無法再讓人相信，只是所有話語權和資源都掌握在銀行手裡，投資人實在無力與銀行對抗，根本毫無選擇餘地，然而此時，Jeffery 依然猶豫未置可否。

　　銀行主管見狀，接著就加大力度語帶威脅並直接施加壓力說道：「如果貴公司到明天下午 5 點前再沒有任何答覆是否同意平倉，我們就不會再問了…我們會直接平倉。最近其實幾乎『上頭』有指示盡量要以客戶這邊的部位建議就是要做一些部分的平倉，就是說與其讓它在這邊飄，一直補、一直補擔保品，補不勝補」。

　　在銀行主管軟中帶硬威脅下，Jeffery 最後無奈的說：「……你們已經講得很清楚了 如果我們不解決你們就一樣強制平倉嘛！我了解你們的意思」。M 公司這次平倉交易虧損約美金 160 萬元，嗣後查證發現 ET 銀行因為這次平倉交易又大賺了一筆 [20]。

　　還記得吧，前面曾提到 2016 年 C 銀行農曆年過後偷偷摸摸將 Chris 人民幣在倉部位全部扣帳交易強制平倉，Lola 遭到 SP 銀行連拐帶騙的突襲平倉，Jeffery 在 ET 銀行軟硬兼施威脅下迫於無奈不得不平倉，最後結果都對投資人的財產造成重大損害。

　　我們無法理解，如果強制平倉是必要的，是為了幫助客戶停損，為什麼始終沒有一家銀行能夠好好提出平倉金額的計算公式和依據？為什麼銀行單方面通知的「未實現市價損失」（MTM），也都提不出讓人信服的來源依據？究竟強制平倉對客戶是利是弊，並不在本書討論的範圍，本書著重的是從銀行強制平倉動機、必要性；平倉價格合理性、透明度和手法妥適性等銀行整體作為。

　　但是，觀察幾件銀行強制平倉的例子，讓人懷疑銀行強制平倉的動機，真的是爲客戶好嗎（爲了讓客戶停損）？或是受到主管機關（ET 銀行所謂「上頭」）之命；還是爲銀行自己利益（美化帳面；降低曝險和賺取佣金）？只有銀行自己心知肚明。如果銀行趁機在客戶傷口撒鹽，自己卻大賺其財，就眞是太不道德了！

註釋 ————

1 金管會後來於 2016.02.02 以「金管法」字第 10400555610 號令取代原先 2011.12.12 的行政命令，增加但書規定：「但法人接受銀行提供衍生性金融商品時，其條件為最近一期經會計師查核或核閱之財務報告總資產超過新台幣 1 億元」，屬於金保法第四條第一項第二款所稱法人（即專業法人），而排除金保法的適用。所以，只能適用當時的〈銀行辦理衍生性金融商品業務應注意事項〉和後來金管會另行頒布的《銀行辦理衍生性金融商品業務內部作業制度及程序管理辦法》，這兩部法令對投資人的保障遠不如《金保法》。

2 以安泰銀行為例，銀行局 2014.06.25 對安泰銀行之裁罰：「貴行金融商品行銷業務 100 年至 102 年收益分別為新臺幣（以下同）1.04 億元（占全行手續費收入比重 5.23%）、1.81 億元（8.05%）及 4.27 億元（18.71%），顯示過去 3 年貴行金融商品行銷業務大幅成長，且過去 3 年高風險交易占金融商品行銷業務總收益平均比重達 79.83%。貴行金融商品行銷業務於短期內大幅成長……」。

3 人民幣組合式商品，被金管會認定為複雜型高風險衍生性金融商品，因為商品組合複雜風險高，所以當時限定必須為專業投資機構、專業法人，銀行才能銷售，這就是為什麼 RM 千方百計要幫客戶變成具有新台幣 5,000 萬以上資產的原因。

4 國際金融業務分行（OBU），徵提境外公司財務報表，不需要像國內公司經會計師簽證的財務報告，而是由境外公司出具財務報表，藉此我們發現有許多境外公司設立 OBU 帳戶與編製財務報表，都是銀行 RM 執行一條龍式客製化服務的模式。

5 檢察機關和法官，似乎對於央行許可銀行辦理人民幣組合式商品的主從地位有所誤解。從檢察官和法官的不起訴處分書和判決書中，似把法令規定投資人需要總資產超過 5,000 萬元，才具有交易人民幣組合式商品資格的這項要件，誤認為是對投資人資格的限定。事實上，同時也是對「銀行選擇銷售對象」的限制。因此，在人民幣 TRF 爭議事件，大多情形都是銀行為了要擴大可銷售對象的基數，所以用違法或不當手段，「創設」原本不具有承作人民幣 TRF 資格的客戶。

6 于小偉和其助理，乾坤大挪移後所編造的資料內容，銀行都不會提供給 Lola 知悉，全都是在爭議爆發後，受災戶爭取要求銀行必須提供，才得知竟有這樣的情形。

7 2016 年兆豐銀行紐約分行，因為 KYC 不實，違反《洗錢防制法》，遭到紐約金融服務署（DFS）裁罰 1.8 億美元（約折合新台幣 57 億元）（資料來源：鉅亨網／陳慧菱 2016.09.23）。但台灣的人民幣 TRF 案，金管會查核多數銀行 KYC 不實，處罰的金額卻是少的可憐（新台幣幾百萬，最多 1 千萬了事），銀行不痛不癢，根本無法達到嚇阻作用。

8 請詳見（表 3-1）。

9 TMU 交易額度：就是衍生性金融商品交易額度，透過徵提客戶董事會授權以及承作商品風險屬性和承受能力的意願，據以核給交易額度及適合交易等級。

10 專業的金融系教授經過十萬次運算後，證實此筆交易根本不可能 2~3 期就能出場，而是需要至少比價 21 期才有可能出場，事實上這筆交易的結果一直比價到最後第 30 期都還是虧損，換句話說根本就出不了場。

11 人民幣將在 2015 年 10 月納入國際貨幣基金組織（IMF）特別提款權（SDR）一籃子貨幣的消息，對人民幣匯率會產生什麼影響，是當時貨幣及匯率市場最關注的事情。當時金融市場研判人民幣後市，升值或貶值的猜測都有，但多半都認為短期看貶的機率較高，而且沒有任何一個專業的匯率專家敢斬釘截鐵肯定在此之前的中國人民銀行，一定會對人民幣的匯率有所防守，不知道銀行理專憑藉什麼消息來源，能如此大膽提供客戶這樣的訊息？

12 臺灣臺北地方法院 104 年度重訴字第 1258 號民事判決：「參酌系爭金管會函說明二（五）記載略以：貴院所詢風險告知及揭露程序，應就個案事實認定……並向客戶「充分」告知商品相關風險（本件卷二第 303 頁反面），足徵，關於系爭 DKI 及 TKI 契約風險告知義務的程度，原告係應充分而完全地告知最大風險。亦即，原告須將如 6（3）所示風險，直接而明確地向被告揭露」。許多律師都認為這項判決對於風險告知義務的界線具有指標性的意義，可惜台北地方法院這件對客戶有利判決的見解，並沒有獲得高等法院的維持。

13 一般產品縱使有缺點或瑕疵，最多就是產品本身的瑕疵，若因為產品本身的瑕疵造成更大的損失，當然也有可能（這在法律上叫加害給付），但這種商品本身瑕疵會造成更大損害的情形，通常在銷售商品時無法預見。然而，金融商品本身就同時存在獲利與風險，理專應該在銷售時，清楚告訴客戶可能的獲利與風險，不應偏廢，造成客戶誤判。

14 《金保法》從 2011 年頒布迄今已修訂多次，本書所引用的是人民幣商品爭議當時適用的條文內容，目前最新修訂的內容，因限於篇幅，請讀者自行搜尋參閱。

15 〈銀行辦理衍生性金融商品業務應注意事項〉後來被 2015 年頒布的《銀行辦理衍生性金融商品業務內部作業制度及程序管理辦法》取代而廢止適用，而 2015 年的《銀行辦理衍生性金融商品業務內部作業制度及程序管理辦法》一直到現在，金管會也增修多次，因限於篇幅，也請讀者自行搜尋參閱。

16 銀行提供的「風險預告書」和「罐頭制式錄音的風險告知」都是制式化、一般性且「形容詞式」的告知，不會針對特定商品揭露可能的風險，既不具體也不充分更不直接，對特定商品完全達不到風險告知的目的與功能。

17 所謂「罐頭錄音」就是銀行事前錄好的內容直接播放出來，前後大約 58 秒，都是金融專有名詞。

18 關於銀行任意片面強制平倉的作法，就有律師撰文批評認為：「形式上符合條件的情況下，就算金融機構有權利將契約提前終止，在特定的案例來看，平倉的損失也應該由交易的雙方結算確認及協商。以逼迫客戶承認損失的方式斷頭，或是催促客戶將損失轉換為另外的借貸形式，是否合理合法？回頭檢視整個 TRF 交易過程，斷頭損失歸屬的法律效果如何，還有得談呢！」（資料來源：《TRF 風暴—強制平倉的合法性》鄧湘全律師、吳立瑋律師〈工商時報〉2016.02.02）

19 在法律上所謂「終止契約」；指的是使契約在時間上「不繼續向後」發生契約的效力，契約其中一方合法行使終止權後，雙方就不再受契約效力的拘束。（資料來源：〈公司擬定承攬契約時，究竟如何設計「終止權」及「解除權」？〉李永然律師、翁呈瑋律師；《中華水電冷凍空調》）110.12./ 第 180 期）。換句話說，只要一方合法終止契約，契約效力就往後失其效力，沒有需經對方同意的問題。

20 嗣後，M 公司取得 ET 銀行進行平倉又大賺了約 58 萬美金（Premium）的交易文件。

Part II
真相

投資夢魘，一再循環

　　為什麼幾年之間可以重複發生金融商品爭議，為什麼成千上萬人受到傷害卻仍然沒有記取教訓？是投資人太過健忘？還是政府主管機關失職？抑或是商業利益太過龐大，主管機關處罰太輕，銀行食髓知味無所畏懼？

　　這些現象，將在以下適當章節逐一介紹，希望經由本書提出後，對於台灣未來金融秩序發展，能夠產生些許警示作用。我們真的擔憂，如果金融遊戲繼續這樣玩下去，台灣的金融夢魘將會不斷循環上演。

Chapter 4
細數理專常掛嘴邊的投資金雞母

台灣金融爭議不斷循環發生主要因素，大致可歸納以下四個層面：

1. 道高一尺，魔高一丈；上有政策，下有對策。主管機關監督與法規，遠遠比不上銀行刁鑽。

2. 銀行為牟取暴利，利用客戶信任與人性弱點，用不當手段銷售金融商品。

3. 投資人重獲利輕風險觀念，到底是被欺騙還是願賭不服輸？

4. 檢察官及法官承辦金融商品案件時，似未用心瞭解金融商品交易特有的「前、中、後」流程和相互間的法律性質。

連動債是什麼？它眞是黑心商品嗎？

「連動債」和「人民幣 TRF」爭議，當時千夫所指「黑心商品」，將矛頭指向主管機關，爲什麼容許銀行銷售這種害人不淺的商品進入台灣市場，到底「連動債」和「人民幣 TRF」是不是黑心商品？所謂「前事不忘；後事之師」，因此有必要深入瞭解這兩項商品特性，提供有意投資金融商品的讀者參考，避免一不小心又踩到地雷造成財產上損失。

本書解析連動債和人民幣 TRF 商品目的，不是介紹如何投資生財，而是在提醒讀者投資理財時應該注意「可能風險」。接下來簡單介紹商品本身架構，使讀者理解在這種架構下，是什麼元素會產生可能的風險。

2008 年銀行銷售的「連動債」，正式名稱爲「結構型商品」（Structured- Notes）；更精準地名稱應該是「境外結構型商品」。一般而言，是一種結合「債券」與「衍生性金融商品」中「選擇權」的投資工具。我們進一步來拆解這項商品組成架構，檢視看看到底哪些元素是投資人不知道，而理專又沒說清楚講明白的風險來源。

「結構型商品」簡單的說，由二部分組成，第一部分是以「固定收益商品」爲基礎，如存款、保險或債券等形式存在；第二部分則是利用第一部份收取之利息或部分本金，購買股權、利率、匯率、指數等衍生性金融商品，所以「結構型商品」是一種以「債券」方式發行的複合式商品，「連動債」取其收益與風險受其「連結」衍生性金融商品表現連動影響而稱之。

　　當年，銀行銷售的「連動債」有二種，一種是「保本型」；另一種則是「高收益型」（其實就是『不保本型』），銀行為了避免投資人看到『不保本』三個字而退卻，刻意用金融話術「高收益」降低投資人的風險警覺性。而「保本型」連動債原則上是由：固定收益的「零息債券」[1]＋「買入選擇權」[2] 的衍生性金融商品所組成，我試著用（圖 4-1）來呈現它的主要結構：

圖 4-1 保本型連動債商品結構圖

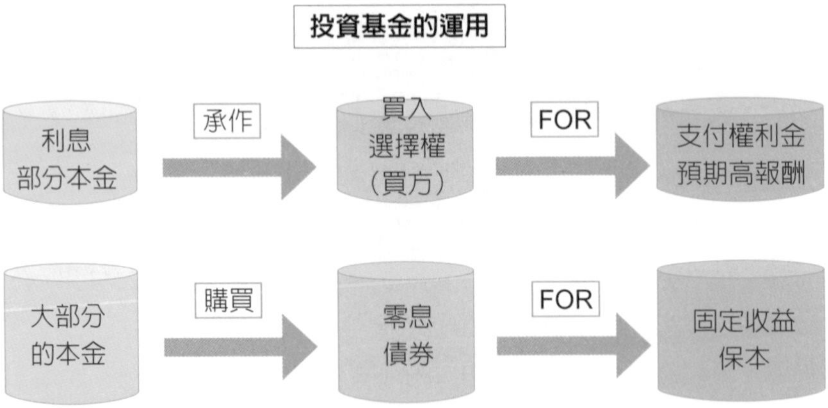

資料來源：作者

　　如（圖 4-1）所示，保本型連動債的投資基金，大部分本金是用來購買具有「固定收益」的零息債券（如存款、保險或債券）作為保本之用，一小部分本金和利息，則用來買入衍生性金融商品選擇權（買方；Buyer），作為預期高報酬的來源。為了讓投資人在風險有限的情況下，追求穩健報酬，發行機構在投資初期就會購買等額的零息債券，債券到期

日則可收到與投資人原始投入本金等數的金額，故具有保本效果。

投資基金除了上述第一部份運用方式外，另外的第二部份會以「承作」**3**衍生性金融商品的「買入」選擇權（包括買權「call」或賣權「put」）的方式，支付權利金給賣方（Seller）**4**，而成為選擇權的買方（Buyer）**5**，因此有權在約定期間內用約定價格、買進或賣出約定標的物。「買入」選擇權頂多損失購買固定收益債券時相當於預收利息的折扣或一小部分本金支付給賣方的權利金（premium），投資人最後可領回的就是原來的本金，但若執行買入選擇權有利時，就會有多出來的利潤分享給投資人。

換句話說，買入選擇權的最大風險，就是最初以利息或小部分本金支付賣方的權利金，但是因為另外有固定收益部分的投資，所以保本型連動債（境外結構型商品）本身，原則上不會有損失本金問題，然而如果有其他不確定因素（商品本身以外因素）風險產生時**6**，則仍然會有侵蝕本金可能。

反之，「高收益」連動債（不保本型連動債）在投資基金運用和保本型連動債的不同，兩者差異在於初期並不需要支付任何費用，反而可以收取買入選擇權買方支付的權利金，筆者接下來試著透過（圖4-2）來呈現它的主要結構：

雖然選擇權賣方可以收取買方支付的權利金，但也因此必須負擔履約義務，縱使履約時價格不利於賣方，賣方也必須依約履行義務，因此損失可能是無限大的，而這個「賣出」選擇權就是「高收益」連動債不保本的最大風險來源。

既然「賣出選擇權」看似票房毒藥，為什麼還會有這種商品存在？

圖 4-2 高收益（不保本型）連動債商品結構圖

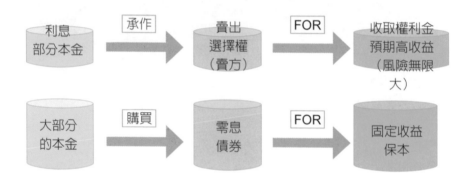

資料來源：作者

它存在的價值是什麼？在金融商品交易市場，真的有人需要這種商品嗎？

　　賣出選擇權的人就是所謂的「選擇權賣方」，可以賣出買權（call）也可以賣出賣權（put）。因此有些投資人於選擇權契約到期前，判斷盤整偏跌，盤勢不漲時，會考慮進場佈局賣出買權（Short Call）。另外，於選擇權契約到期前，投資人判斷盤整偏漲；盤勢不容易跌時，則會考慮進場賣出賣權（Short Put）。

　　從上面的說明看來，買入選擇權的買方和賣出選擇權的賣方，在這種選擇權交易的場域裡，雙方各有所圖也各有風險，自然各自承擔。需要支付權利金的買方，風險有限（支付權利金）；獲利無限。反觀收取權利金的賣方，卻是獲利有限（收取權利金），但風險無限。

　　既然如此，賣出選擇權的賣方所圖爲何？選擇權交易是一種零和遊戲，所謂「外行看熱鬧，內行看門道」，許多熟稔選擇權交易的行家還是會承作獲利有限，獲利機會大的賣出選擇權。

　　一般散戶買方經常花一些小錢買下「價外合約」[7]當買彩券，覺得小錢無所謂，以小搏大。長此以往本金一直銳減，也常發生有利買方行情來時，卻已彈盡援絕無力進場，眼睜睜看著大好時機流逝，前面的投資白白浪費。反觀，賣方藉由每組「價差單」[8]賺到的錢用來對沖進行避險，穩健的賺取時間價值，反倒可以累積更多資本。

　　分析到此，我們可以清楚、理性、持平、客觀的說，連動債（境外結構型商品）商品本身組成架構並不黑心，不論是保本型或不保本型都是有其市場需求與價值，但仍然存在一定風險，如發行機構信用風險（雷曼兄弟破產）就是 2008 年連動債爭議發生的主因之一。

　　只不過，不是財務金融專業人員的你，如果知道理專賣給你的商品是如此複雜，一堆艱澀的專有名詞、專業知識與策略操作，你都完全不懂，在沒有充分完整風險告知下，你還敢買下嗎？如果你知道「高收益」就是「虧損無限大的高風險」，我相信你肯定不敢買了吧？然而，銀行爲了賺取暴利並鬆懈一般投資人心防，銷售策略上經常藉由包裝華麗的商品名稱，如：「（高收益）連動債」和「目標（可贖回）遠期契約」和理專行銷話術，把商品組成結構裡的「選擇權」隱藏起來，若不是專業財金人員，根本無法嗅出可能風險，更無從運用避險策略。而這種包裹著糖衣外觀的套裝商品，最佳選擇就是賣給外行人，因爲一旦產生虧損，就只能聽憑銀行那些無良理專「二度扒皮策略」，演變到最後就是越陷越深，越賠越多。

不只黑心，更是毒藥──
揭開 TRF 的真實面目⋯⋯

釐清 2008 年連動債商品本身的組成架構並不算是黑心商品後，我們再來檢視 2015 年發生爭議的「人民幣目標可贖回遠期契約」（Target Redemption Forward；TRF），是不是黑心商品金融毒藥？且讓我盡量簡潔地介紹人民幣 TRF 商品種類、組成結構、交易特性與複雜的風險因子。

TRF 屬於一種「遠期匯率」衍生性金融商品，銀行與投資人針對未來匯率走勢進行對作。同時，中央銀行亦將 TRF 歸類為「選擇權」商品；「銀行辦理衍生性金融商品業務內部作業制度及程序管理辦法」把人民幣 TRF 定義為「複雜型高風險衍生性金融商品」，可見這個商品不僅組成架構複雜；風險還特別高，和銀行美化包裝的商品名稱「目標（可贖回）遠期契約」好像是風馬牛不相干的二種商品。

TRF 的組成架構

TRF 是「一系列」不同到期日的遠期外匯選擇權組合式商品，其中，每一到期日（同時）「買入」1 單位的選擇權和「賣出」2 單位的選擇權（單位＝契約名目本金），也就是說買入選擇權的數目與賣出選擇權的數目為 1：2。如此看來，TRF 組成架構中，投資人因為有一個買入選擇權，所以要支付權利金給賣方，又因為同時有二個賣出選擇權，所以應該可以收取二分權利金，這是 TRF 的基本架構。

依據這個基本架構，我們用（表 4-1）來介紹人民幣 TRF 這項商品到底是怎麼玩的。這是以 24 期人民幣兌美元，名目本金 50 萬美元：100 萬美元，交易日期從 2015 年 8 月 3 日起至 2017 年 8 月 3 日止為期二年，每月為一期，共 24 期的 TRF 交易為例：

從（表 4-1）看似簡單的交易規則，卻隱藏著相當巨大的投資風險，因為賣出選擇權、觸及出場及 24 期比價、獲利有限；虧損無限等交易架構，讓投資人吃足苦頭，公司倒閉甚至傾家蕩產。人民幣 TRF 商品到底是如何交易，為何一筆交易的風險，可以鉅大到足以讓人傾家蕩產？且讓我按圖索驥逐一說明。

表 4-1 TRF 商品交易方式示意圖

資料來源：作者

表 4-2 人民幣 TRF 交易條件（Terms and Conditions）

Party A	安泰商業銀行股份有限公司
Party B	M 汽車製造股份有限公司
指標匯率 （Currency Pair）	美元／人民幣（USD／CNY）
交易日期 （Trade Date）	2015／08／03
名目本金 （Notional Amount）	每個評價日，美金 50 萬元 vs. 美金 100 萬元
比價日 （Expiration Date）	依時程表所示
交割日 （Settlement Date）	依時程表所示
定價匯率 （Fixing Rate）	於定價日，依照路透社頁面的 SAEC 中所顯示之
履約價 （Strike Price , K）	6.1700
保護價格 （European Knock In Price, EKI）	6.4000
槓桿倍數（Leverage）	200%
累積目標（Target）	0.08
價內事件 （In the Money Fixing）	定價日時，定價匯率小於或等於履約價

數字，比價時間爲台北時間上午 9 點 15 分。

提前出場事件 （Knock-Out Event）	價內事件發生時，將匯差累積計算。當累積匯差大
結算金額 （Settlement Amounts）	1. 若提前出場事件未發生，依時程表，於每一定價日： （1）若定價匯率 ≤6.1700，則客戶將於交割日自本 （2）若 6.1700< 若定價匯率 ≤6.4000，則客戶與本 行美元金額爲美金 100 萬元（定價匯率－履約價） 若提前出場事件發生，本交易將提期前終止，其後
交割方式 （Settlement Method）	美元現金交割損失上限金額（Loss Cap Amount）爲

資料來源：安泰銀行
表格整理：作者

　　依據（表 4-1）呈現的人民幣 TRF 交易，本書嘗試更精準地描述人民幣 TRF 商品交易定義：「一份遠期匯率選擇權契約，隱含「一系列」多達 24 期「各自獨立」比價交易；卻又「相互關聯」的商品交易模式」。

　　所謂「一系列多達 24 期各自獨立比價交易：是指雖然投資人和銀行簽訂的是「一筆」目標可贖回遠期契約，但不同於一般遠期外匯契約只就未來特定單一到期日進行比價，而是雙方預先就未來 24 期每一特定到期日進行比價，所以不只比價 1 次，可能要連續比價 24 次；且每次（期）比價都是各自獨立有效的一個子契約，然而「整筆」目標可贖回遠期契約各期交易產生的效應，彼此間又會相互連結；相互影響。

　　每次遇到需要描述人民幣 TRF 商品特性時，都讓我感到十分困擾。因爲若僅從個別子契約交易產生的單一效應，實在無法看出這項商品獨特

於或等於累積目標，則該契約於當期交易結束後即提前結束。

行收取美元金額爲美金 50 萬元（履約價－定價匯率）／定價匯率
行無任何交割收付。（3）若 6.4000<定價匯率，則客戶將於交割日支付本
／定價匯率。
雙方將不再有任何權利義務關係。

720 萬元。

詭譎之處，必須將各子契約的單一效果，觀察彼此連結產生的效應，才能
凸顯商品中處處存在陷阱，而且這種數字遊戲卻用文字表達，更是困難重
重，所以用具體實例說明，讀者比較容易理解。

本書以安泰銀行和 M 公司 2015 年 8 月 3 日簽訂的一筆人民幣 TRF
契約交易條款爲例，以實際交易數據做說明（表 4-2）。

TRF 的商品特性

現在有了足夠的資料，我們來分析人民幣 TRF 這項商品，從「投資
人」契約上可享受的權利、應負擔的義務和可能承受風險的角度，逐項說
明這個商品的特性：

1、對投資人而言：賺一賠二 [9]

當期比價日投資人約定之比價匯率小於履約價時，投資人可以高價出售美元（低價購買人民幣），獲利爲（1倍）即（上）名目本金50萬美元 × 匯差；但如約定之比價匯率大於保護價格時，投資人必須以低價出售美元（高價購買人民幣），損失則爲（2倍）即（下）名目本金100萬美元 × 匯差。

2、停利不停損

（一）對投資人而言「停利」（獲利有限）：

（表4-2）有一個項目「累積目標」0.08，代表當投資人累計獲利時的匯差點數至累積目標（Target=0.08），當次交割結束後，這筆 TRF 契約全部結束，雙方當事人間的權利義務關係也完全終止，後面未到期的全部子契約隨即終止不再比價。由此可知，此筆 TRF 契約交易，投資人最大收益約爲 6,539 美元，這還是在投資人累積匯差點數到達 0.08 點前，沒有任何比價損失情形下，才有可能淨獲利。

（二）對投資人而言「不停損」（損失無限）：

（表4-2）所顯示的這筆交易簽訂日期是 2015 年 8 月 3 日，我們知道人民幣 811 匯改事件，發生在 2015 年 8 月 11 日，也就是這筆交易簽訂後 8 天人民幣開始持續走貶，而這一筆交易第一次比價日是 9 月 3 日，可想而知，M 公司注定要從頭賠到尾。事實上，這筆契約只要累積點數未達到 0.08 約定的累積目標，就得每期一直比下去，直到整個 24 期子契約全部比價完畢爲止。這種情形下投資人得眼睜睜看著每一期比價虧損，彷

佛看著自己身上的肉，被一刀一刀割下承受椎心之痛，人民幣 TRF 商品設計本身，刻意對於投資人沒有停損機制。

這種對投資人停利，不停損的商品設計，才是造成投資人重大財產損失的主因之一，也是對投資人最不公平的地方。關於人民幣 TRF 商品公平性的討論，坊間許多文章強調賠率為 1：2（賺 1 賠 2），是這項商品不公平的地方，如此敘述顯然過度簡化人民幣 TRF 商品對投資人極度不對等的特性。

3、銀行隱藏權利金

前面提到選擇權交易，買入選擇權的買方要支付一筆權利金給賣方；賣出選擇權的賣方可以收取權利金，這是選擇權交易設計的基本原則。在一開始介紹人民幣 TRF 商品時就提到它的架構：投資人「買入」1 單位選擇權；同時「賣出」2 單位選擇權；反之，對作一方的銀行，則是「買入」2 單位選擇權和「賣出」1 單位選擇權。

因此，理論上銀行應支付一定金額權利金給投資人，才是符合選擇權交易的常規 [10]。也是人民幣 TRF 這種商品，設計基本上平衡投資人和銀行交易應該具有的機制。

然而，在協助幾家企業和銀行交易人民幣 TRF 爭議的案子，有些銀行卻沒有支付投資人任何一毛錢權利金。權利金爭議沸沸揚揚吵到現在仍然沒有一個定論，主管機關金管會要銀行提供和上手交易有關權利金的資料給投資人，銀行死都不肯提出，投資人透過法院要求銀行提供，銀行硬要說和上手銀行有保密協議不能提供。

　　銀行到底該不該支付相當金額權利金給投資人，到目前為止仍然是個尚未解開的謎。總之，人民幣 TRF 既然屬於選擇權交易的一種，依照選擇權交易常規，理論上銀行應該要支付相當金額的權利金給投資人。但是，直到現在銀行仍然無法提出任何具有可信度的證據，證明銀行確實無需支付權利金給投資人；又提不出任何足以證明人民幣 TRF 商品交易本身，銀行已沒有剩餘權利金可以支付投資人的反證。

骨牌效應，連鎖風險

人民幣TRF這項商品，設計上是由「一系列」（1～24期）「子契約」組成的遠期匯率選擇權，因為對於投資人具有「停利不停損」、各個子契約各自獨立又相互連結；相互影響的特性，除商品本身匯率變動的風險外，還會因為「匯率波動」，連帶影響投資人因財力無法支應龐大金流，所產生的違約風險。而這些致命風險，都是銀行理專不會告訴你的事，就讓本書逐一揭露這些投資人不會知道的風險盲點：

1、波動度與調整權數—造成未實現市價損失

遠期匯率衍生性金融商品，是一種高槓桿操作模式，而且匯率會有波動的問題，有些幣別匯率波動度比較大，容易造成投資人在倉部位的「未實現市價」（MTM）產生損失甚至暴增，有良心的銀行理專通常銷售這種幣別遠期匯率商品時，就會將名目本金壓低，以免因為匯率波動造成巨大損失，如：「歐元」遠期匯率一般名目本金都不高，大多在25萬美元左右。

而且銀行本身還有「調整風險權數」的機制，讓槓桿比例降低。但是，銀行一旦調升風險權數降低槓桿比例，也會使投資人在倉部位的未實現市價產生損失或暴增，此時意味著投資人恐怕需要增補保證金了 **11**。在我協助處理的案子，就有 M 公司在未被告知的情形下，因為 ET 銀行片面調高風險權數，造成 M 公司的「未實現市價損失，Mark to Market；

MTM」暴增，而需增補保證金。

其實，「未實現市價損失」（MTM），僅代表投資商品「目前」帳面價值，是「假設」以目前「匯率」演算預設投資人尚未到期在倉部位的價值已發生虧損，只要是還沒交割，其虧損值就稱爲「未實現市價損失」。

實務上，和銀行交易衍生性金融商品所有的文件與數據，都是銀行說了算。就拿銀行寄發的「未實現市價損失」（MTM），和徵補保證金通知書來說，銀行從來都不會告知這些數據如何算出來的，銀行說多少投資人就得增補多少保證金，投資人完全沒有置喙質疑的餘地，就算吵翻天；要到死，銀行不給就是不給，如果實在拗不過投資人了，銀行就會拿出強制平倉的殺手鐧恐嚇投資人。

2、持續比價交割─增補保證金，資金需求不堪負荷

原本衍生性金融商品交易，支付交割款履行契約義務是天經地義的事，實在沒有什麼好說嘴的。然而除此之外，人民幣 TRF 投資人和銀行的交易情形，並不像單純遠期匯率只有「一期」比價交割，而是有同時存在的一系列子契約。因此，未實現市價損失（MTM）的計算，是針對尚未到期的各期子契約一併演算得出，所以必然會較單純比價一次的商品，讓投資人承擔更多未實現市價損失需要增補保證金的風險，相信這種風險恐怕是當初理專銷售人民幣 TRF 時，根本不敢明白對投資人揭露的風險，當然更是投資人預料不到的事。

所以，人民幣 TRF 投資人除了每期比價虧損需要支付交割款外，同時還要面對伴隨波動度或銀行調整權數而來的「未實現市價損失」

（MTM）暴增，而須交付銀行鉅額保證金，對中小企業而言眞是蠟燭兩頭燒，根本是無法承受之重。

這種日子眞的不是人過的，我就親身經歷陪同台中 Chris 在那段時間一起渡過，李老大更因爲壓力過大，幾次被緊急送醫急診。雖然我和李老大都不是需要籌錢的當事人，然而當時氛圍，在 Chris 身邊的人都能感受到一股彷若肅殺的氣氛，深怕公司一個周轉不靈隨時會因此倒閉關門。

前面提過，其實「未實現市價損失」（MTM），僅代表投資商品「目前」帳面價值，根本就不是眞的已經發生虧損，只是依照目前匯率呈現的狀態計算未來可能虧損，而要求投資人需現實提出保證金，供作未來履約的擔保，造成投資人一方面需要面對目前比價損失交割付款，又要對未來假設的損失提供保證金，這種交易模式，根本就是賽事還沒比完，只因爲投資人沒有足夠的子彈（金流），交不出保證金就必須被迫認定違約，提前出局。

3、資金彈藥不足，強制平倉伺候

2015 年 8 月 11 日之後，人民幣 TRF 投資人最常收到的就是銀行提供的「未實現市價損失」（MTM），和徵提動輒高達上百萬美元保證金的通知書。據我所知，根本沒有投資人可以在那麼短的時間內（3~5 天）支付那麼高額的保證金 **12**。

因此，這個時期多家銀行拋出「善意解方」，所謂善意解方就是銀行對於投資人剩餘部位，提供融資貸款作爲平倉之用，一方面解決投資人違約交割風險；同時免於造成銀行呆帳風險，另一方面又可增加融資貸款

業績，對銀行而言可眞是「一兼二顧；摸蜊仔兼洗褲」。

　　台中 Chris 的情形是 Chris 主張已經依法撤銷與 C 銀行間簽訂衍生性金融商品交易契約的意思表示後，不願再增補保證金（事實上，Chris 當時也沒那麼多錢可以再增補保證金），銀行就毫不手軟的直接扣帳交易強制平倉，把 Chris 的定存逐筆扣除作爲平倉費用。至於平倉金額如何計算？C 銀行並沒有提出任何計算公式和來源依據，一直到仲裁庭 Chris 委任的毛律師請求調查強制平倉金額的依據和計算公式，C 銀行只提供一疊不知道誰寄給誰的英文電子郵件，作爲證明平倉金額的依據 [13]，在仲裁庭竟然稀哩呼嚕的給矇混過去了！

　　而另一個遭到銀行半恐嚇；半懷柔策略要求平倉的案例，就是 ET 銀行和 M 公司董事長 Jeffery 間，針對平倉金報價的拉鋸。雖然最後 Jeffery 不得不接受向 ET 銀行融資貸款就尚未到期之在倉部位進行平倉，但對於 ET 銀行提供的平倉金額合理性與眞實性依然存有許多質疑。

商品「中性」？這根本就是玩文字遊戲……

關於人民幣 TRF 商品設計公平性的問題，一直是投資人、學者和律師討論的重點。但是，2016 年當時銀行局長詹庭禎在立法院詢答時，一句「產品是中性的」，硬生生地把人民幣 TRF 公平性的邏輯給打亂了。因為這一句話，大家在各個場合（包括立院陳情、金融評議、仲裁和訴訟），都不敢再提人民幣 TRF 商品設計對投資人不公平這件事。彷彿「產品是中性的」這句話，具有一語定乾坤的功效，把這項商品作了一個似是而非的詮釋，讓主管機關從放任黑心商品進入台灣市場指責中完美脫身。其實，這句話真的誤導大家了，竟然把「中性」和「公平」畫上等號。

主管機關和銀行公會一再緩頰宣稱「產品是中性的」，讓投資人無法接受，到底人民幣 TRF 商品真是「中性」的嗎？「中性」是什麼意思？中性等同於公平嗎？從接觸人民幣 TRF 爭議開始到現在，我深深體認到，這項商品不僅是「數字幻術」；更是「文字遊戲；文義騙局」。但為什麼主管機關金管會和銀行公會還會說人民幣 TRF 是中性商品的？我這好奇寶寶不服輸的個性，非得搞清楚「中性商品」到底是什麼意思？

事實上，中性商品的討論是用在「消費者偏好與效用」的場域，而不是「商品本身性質」的討論。

所謂「中性商品」（neutral goods），是指有些商品對某些消費者來說是無用的、不相關的；中性的。因此那些被消費者視為無用或中性商品，對消費者而言是沒有任何吸引力的[14]。換句話說：中性商品就是無論從商品功能、外觀、品質或數量等各方面，都激不起消費者興趣與購買

慾望的商品。例如：某地區消費者特別喜好香蕉，便宜的價格能獲得越多香蕉，滿足消費者喜好的程度就越高。相反的，該地區消費者對於榴槤感覺一般，關於榴槤種類，從哪兒進口、價格多少，對於消費者而言，都不會吸引任何目光和消費意願的變化，榴槤對此地區消費者而言，就是中性商品。

總而言之，「中性商品」是個體經濟學關於「消費者偏好與效用」的問題，和商品本身性質根本無關，與商品是否公平的評價，更是風馬牛不相干。所以，人民幣 TRF 商品設計對於投資人是否公平的判斷，還是應該回歸商品架構本質進行檢視和評斷。前銀行局長詹庭禎試圖用「產品是中性的」掩蓋「產品的不公平性」，從投資人的立場來看，不僅是玩弄「文字遊戲」，更是和安泰銀行用「交易目的」解釋成「非避險」相同手法的「認知作戰」。

透視 TRF：零和遊戲 [15]

綜合上面銀行銷售人民幣 TRF 商品特性與交易風險，本書將銀行和投資人間交易各自的權利義務，以（表 4-2）的契約為例，對照整理成下表（表 4-3），供讀者進一步瞭解，為什麼銀行當時如此熱衷銷售人民幣 TRF，而這項商品設計的遊戲規則和它衍生出來的效應是如何對待投資人：

表 4-3 人民幣 TRF 商品特性、衍生效應對照表

	投資人	
		人民幣 TRF
贏率／賠率	**【贏 1 賠 2】** 贏是贏 50；賠是賠 100。 投資人比價獲利，是以 50 萬美元 × 匯差計算，但若是比價虧損，則是以 100 萬美元 × 匯差計算。	
獲利機制	**【停利（獲利有限）】** 當各期比價累積達到約定點數，換算點數與匯差金額就是這筆交易最大的獲利，合約即終止（此筆交易投資人最大獲利只有約 6,539 美元），不再比價。	
虧損機制	**【不停損（虧損無限）】** 未達累積約定點數前，必須依照各期比價虧損交割，契約仍持續有效，各期比價持續進行，直到比完最後一期。這就是所謂「對投資人不停損；虧損無限大」，此筆交易最終投資人虧損美金約 162 萬元。	
權利金	**【無】** 收取到銀行支付權利金 人民幣 TRF 是外匯選擇權交易，且對投資人而言是買入 1 個單位選擇權，賣出 2 個單位選擇權，應該可以收取到相當金額的權利金。但是如表 4-2 所舉契約，銀行並未支付權利金給投資人。	
避險功能 [16]	**【根本不具避險功能】** 當投資人在最需要避險的時候，TRF 提前出場並終止契約，因此 TRF 並不是具有實質避險功能的理財工具。	

銀行

商品本身特性

【贏 2 賠 1】

贏是贏 100；賠是賠 50。

反之，銀行比價獲利，是以 100 萬美元 × 匯差計算，但若是比價虧損，則是以 50 萬美元 × 匯差計算。

【不停利（獲利無限）】

此筆交易各期比價始終沒有達到約定獲利出場點數，所以一直比價到最後第 24 期，結果投資人從頭賠到尾。反之，銀行從頭一路贏到底，此筆交易銀行最後贏得約美金 162 萬元。

【停損（虧損有限）】

當投資人各期比價累積達到約定的點數（0.08），換算點數與匯差金額（投資人獲利 6,539 美元），合約即終止不再比價，對銀行而言，這檔契約最大虧損（美金 6,539 美元）。

【有】收取上手銀行支付權利金

表 4-2 的契約交易，銀行為避險會拋補給上手銀行進行背對背（Back to Back）交易。因此，銀行可收取來自上手銀行支付的權利金。本案 ET 銀行宣稱收取上手銀行權利金有保密協議拒不透漏。

【風險轉嫁投資人達到避險】

實際上隱含了一個保險契約，投資人等同賣了一個預防人民幣貶值的保險契約給銀行，對銀行而言才是具有避險功能。

	因人民幣 TRF 商品特
風險權數	**【被動】遭銀行調整風險權數** 銀行調整風險權數，影響客戶在倉部位槓桿，致瞬間爆增未實現市價損失。
波動度大	**【未實現市價損失】震盪** 當人民幣匯率波動度大時，容易造成投資人在倉部位匯率變動而產生未實現市價損失。
保證金	**需要的【現金流量】大增** 當在倉部位未實現市價損失暴增時，銀行徵提保證金，投資人須於 3～5 天內增補到位。
強制平倉	**【遭銀行強制平倉】** 當投資人無法依照銀行要求增補保證金時，隨時可能遭到銀行就在倉部位，部分或全部強制平倉，且不會被告知計算方式和依據。
強制執行	**【名下財產遭查封拍賣】** 當投資人無力負擔強制平倉產生的交割款而形成債務時，會遭到銀行對名下財產進行查封、拍賣。
連保人	**【禍延連帶保證人】** 銀行徵提投資人相關文件時，會要求提供連帶保證人。因此，當投資人無力清償債務時，連帶保證人就得負起連帶賠償責任。

資料來源：作者

性，衍生出來的效應

【銀行片面調整】風險權數
銀行為符合資本適足率降低槓桿比率和交易部位曝險過高風險，不告知投資人即調整風險權數。

銀行告知【未實現市價損失】
當匯率波動度大時，投資人在倉部位容易產生未實現市價損失，損失金額如何計算及依據，銀行提不出來，只說是上手銀行提供。

銀行急急如律令【徵提保證金】
當客戶在倉部位未實現市價損失暴增時，銀行會向投資人限定 3 ～ 5 天內徵提保證金。

【逕行強制平倉】
當投資人無法依照要求增補保證金時，銀行可能會直接對客戶在倉部位逕行部分或全部平倉。

【查封拍賣投資人名下財產】
轉送催收部門對無法依約交割的投資人進行法律催收，並對投資人名下財產進行查封、拍賣程序。

【對連帶保證人進行催收】
當投資人無力負擔交割款時，銀行催收部門就會針對投資人和連帶保證人，同時進行法律催收。對名下財產進行查封、拍賣。

註釋

1 債券（Bond）是一種借據，由發行者承諾在到期前每期支付固定的利息，而到期時則會一次還清票面面額上的本金。但有一種債券並未支付利息，卻可用低於票面金額的價格買到，就是零息債券（Zero Coupon Bond）。在台灣比較少有直接購買債券的管道，買到的也多是公司債，因此較少接觸到零息債券。不過零息債券其實也是債券市場上的重要類別，最大特色是用折價發行來取代配息（資料來源：2021.01.18，Mr.Market 市場先生，《什麼是零息債券（Zero Coupon Bond）？投資有風險嗎？和有配息債券有什麼不同？》）。

2 意指買方（Buyer）支付權利金給賣方，取得在到期日或之前用約定好的價格，向賣方購買標的物的權利。

3 一般人會用「購買」買入和賣出選擇權來定義選擇權交易的法律性質。但本書認為，選擇權交易不論是買方或是賣方並沒有支付任何費用來購買選擇權，而是「承作」選擇權交易後，買方需要支付權利金給賣方，賣方需要提撥保證金供作交易發生時的履約擔保。因此，本書認為應用「承作」來界定選擇權交易的性質。

4 這裡所指的賣方，並不是賣「標的物」的人，而是賣「權利」的人。

5 同樣的，這裡所指的買方，也不是買「標的物」的人，而是買「權利」的人。

6 2008 年銀行銷售的連動債發行者就是境外的美國雷曼兄弟，所以當美國次級房貸風暴席捲金融圈時，連帶的也就影響到台灣投資人購買的連動債（境外結構型商品），產生違約風險。縱使是保本型連動債亦無法倖免，這不是商品本身組成架構的風險，而是債券發行人造成的風險。

7 選擇權權利金由兩部分組成：內含價值和外在價值。內含價值是大盤現在點數和選擇權履約價的差距；外在價值又包含時間價值和波動率價值。選擇權合約又分為三種：價內、平價、價外，履約價低於大盤點數的買權（CALL）是價內，履約價高於大盤點數是價外買權（CALL）。（資料來源：《選擇權50秒學會1招：選擇權履約價，價內價外、內含價值、外在價值》。Home> 選擇全教學 > 選擇權交易，50秒學1。https://gooptions.cc/%E5%83%B9%E5%85%A7%E5%83%B9%E5%A4%96-%E5%85%A7%E5%90%AB%E5%83%B9%E5%80%BC-%E5%A4%96%E5%9C%A8%E5%83%B9%E5%80%BC/）。

8 選擇權「價差單」：是指賣出選擇權收權利金，同時於價外履約價買入一口選擇權當保險，一買一賣價差組合稱為價差單，可以有效控制風險（或限制最大虧損和降低成本）。（資料來源：Home> 選擇權教學。《選擇權價差單是什麼？2分鐘瞭解價差單概念、目的，打破風險迷思》。https://gooptions.cc/%E9%81%B8%E6%93%87%E6%AC%8A%E5%83%B9%E5%B7%AE%E5%96%AE/）。

9 標準型遠期契約的名目本金都是固定的，不論投資人是處於獲利或是損失狀態，比例上都是對等的，所以不會有像 TRF 賺 1 賠 2 的狀況發生。但是在人民幣 TRF 則是：客戶比價獲利出場時，是以「上名目本金」計算獲利，在此案例為 50 萬。但若虧損時，則客戶需要賠償「下名目本金」的虧損，在此案例為 100；也就是 2 倍虧損。

10 由於 TRF 對於投資方而言，具有停利；不停損的機制，TRF 實質組成其實是買入少數 1 單位的不同到期日選擇權，賣出多數 2 單位的不同到期日選擇權。因此，投資人於前者應支付相對較少的權利金，於後者應該收取相對較多的權利金。所以，按照正常情形人民幣 TRF 交易，銀行應該支付相當金額的權利金給投資人，才能使人民幣 TRF 達成公平交易。（資料來源：2022.04.07，中央大學財金系教授吳庭斌《專家報告書》）。

11 衍生性金融商品訂約所須付出之交易成本相對商品契約之名目本金或曝險部位差距懸殊，具有「以小搏大」特性，一般以「金融工具槓桿」稱之，例如支付 1 元之保證金（或權利金）操作具有 10 倍契約價值的期貨（或選擇權）商品契約。

（資料來源：謝人俊、吳宗錠合著。《槓桿操作在金融危機中扮演之角色》。〈全球金融危機專輯〉https://www.cbc.gov.tw/tw/public/Attachment/02616222171.pdf）。因此，若銀行將風險權數調高，槓桿比例隨之降低，未實現市價損失自然飆高，為確保投資人履約能力，銀行便會要求投資人增補保證金。

12 銀行通知投資人繳交保證金的通知書，上面記載的時間一般只給投資人三天左右。

13 C 銀行以「與上手銀行有保密約定」為由，用「去識別化」的方式提供英文電子郵件，這些電子郵件因為去識別化，所以根本看不出來是誰寄給誰的郵件，更無法證明這些文件的真假，但就這麼把大家給呼攏過去。

14 資料來源：〈Baidu 知道〉，2013.03.22 俠隱者《什麼叫中性商品》。https://zhidao.baidu.com/question/254838274/answer/1347932279.html

15 零和遊戲（Zero-sum Game）：源於數學的博弈論（Game Theory）概念，主要指雙方博弈時，一方的得益必然會造成另一方的損失，因而雙方對峙結果的總和永遠等於零。在財經界中，這概念多用來形容期貨及衍生工具的交易，因買賣雙方通常只有一方得益，另一方則會有損失。（資料來源：2018.12.19，香港經濟日報 - 知識庫 - 投資理財 - D181219）。

16 避險是指對於國際間從事商品買賣的洋行、進出口貿易商，以及在國際間從事投資的人士，若預期未來將收付一定金額的外幣，為避免因變動產生的損失，可利用遠期外匯交易以規避風險，這種避險的操作方式，稱為遠期避險。它是一種減低商業風險同時仍能在投資中獲利的手法。避險在外匯市場中最為常見，目的在避開單線買賣的風險。（資料來源：維基百科）

Chapter 5
失落的誠信
vs. 職業道德

　　試想，如果銀行理專已經明知客戶過往交易經驗、金融專業知識、意願與風險承受能力，根本就不適合購買不保本連動債或承作人民幣 TRF，卻硬是製作不實 KYC、使用不當的銷售手法或話術誘導客戶，誘騙他們誤信進而購買或承作，這種行徑就是沒有良心，而若銀行授意、鼓勵或默許，這就是黑心銀行。

看懂了，你還敢隨意投資嗎？

　　瞭解連動債（境外結構型商品）和人民幣 TRF（組合式衍生性金融商品）的特色及風險後，相信讀者心中對這兩項金融商品，是不是黑心商品應該已有所定見。而且事實上，金融「商品本身」並沒有所謂「中性」問題，對投資人而言只有「適合或不適合」的問題。看完第四章列舉的內容，我想讀者一定相當訝異，只有傻子才會投資這種商品吧！沒錯，許多參與協助受災戶爭取權益的律師私下就經常討論，為什麼會有人願意承作這種贏小賠大又後患無窮，極度不公平的商品？

　　對呀！只要瞭解人民幣 TRF 商品特性和風險，若不是真正的財務工程金融理財專家 1，相信一般人肯定不敢承作吧！那麼縱橫在商場上精於盤算創業有成的中小企業主，如果當時資訊和現在一樣充足，如果面對銀行理專還是一樣能保持在商場上的精明幹練，他們還會敢去碰這種商品嗎？

　　事實上，2013 年底銀行開始銷售人民幣組合式商品當時，或許有些銀行和理專自己也搞不懂這是什麼商品，更不用說投資人了，投資人根本沒有足夠資訊搞懂這些。然而，倘若銀行理專真能把人民幣 TRF 商品特性和風險一五一十地清楚告知客戶，這種商品還能推銷出去嗎？

　　這正是為什麼本書一開始便真實還原 RM 為了銀行自己業務需要，找尋可以銷售的對象，違反銀行應忠實誠信義務將客戶「創造」成為適合承作人民幣 TRF 的資格與條件，接著再藉由理專吹捧金融商品優異的獲利能力又無風險，無所不用其極的，誘導這些商場上身經百戰、白手起

家的中小企業主，讓他們掉入深不可測的陷阱，卻不自知的過程。據以凸顯連動債和人民幣 TRF 金融爭議，受害人（包括升斗小民，小資族、退休公教人員、茱籃族乃至中小企業主）無一倖免的都用了高額的代價上了一課：「理專失落的誠信、專業良知與職業道德」才是投資最核心的風險。雖然銀行局前局長詹庭禎創造一個風馬牛不相關的名詞「商品是中性的」，儘管銀行、法官、仲裁人說：「投資難免有風險」，或是一般社會大眾笑稱這些人「願賭不服輸」等。但總不能因為這些企圖幫襯商品解套的「認知作戰；文字遊戲」或廣告台詞和姍笑的風涼話，我們就對銀行不當銷售商品的作為視若無睹，甚至合理化與合法化，而捨棄金融商品交易應該恪守遵循的「誠信」，以及被普世價值奉為圭臬的公平與正義吧！

銀行不黑心，有毒商品才是中性的：連動債爭議，有部分法院判決認為銀行在推介銷售過程中，確實有不當與違失的地方。本書綜合一些判決見解舉幾個例子，供讀者參考作為未來透過銀行進行投資理財時，需要注意的細節。

1.台南高分院針對連動債爭議，曾作出有利於投資人的判決：認為縱使客戶（上訴人）在「產品說明書」、「風險預告書」投資風險說明欄，都有簽名蓋章，但並不表示銀行對客戶已善盡風險告知義務。合議庭認為，元大銀行訂約時僅擇優點誘使客戶投資，且在信託期間未適時主動通知風險變動，上訴人請求收回全部投資款有理；但法官也指出，上訴人為高中體育老師知識程度高，也應該負擔一半的責任。

2.台南高分院就另一連動債案件：認為理專沒有完整告知風險及不保本等最大風險，未善盡管理人告知義務；加上因為被上訴人只有國中學歷，京城銀行應賠償所有投資損失。

3.另有一件銀行不當銷售連動債的典型案例：某中年婦女甲在 2007 年，為其未成年的一對兒女到銀行辦理定存 3 萬美元，銀行理專見甲女在該行有些存款就遊說甲女，宣稱買連動債的利潤比定存利息高。甲女在理專極力勸誘之下而心動，當場用甲女二位未成年子女的名義和理專簽約投資連動債。不到 1 年就發生美國次級房貸風暴導致雷曼兄弟破產，甲女買的連動債也連帶受到影響全部賠光氣得提告。法院審理時發現，理專和甲女未成年子女簽定的契約，沒有父親的簽名已經違法，認定甲女單獨代理兒女簽約行為實屬無權代理，投資契約因此被視為無效，甲女的未成年子女，幸運地能向銀行取回所有投資本金。

4.再介紹一件由台灣高等法院審理的連動債上訴案，判決內容有利於投資人且頗具代表性。投資人 2005 年 11 月經中國信託理專介紹，購買 100 萬元「CSFB 三年港幣明日之星連動債」，同時支付手續費 7,794 元給中國信託，到期日為 2008 年 12 月 30 日，投資期間曾領取配息港幣 27,600 元，但到期贖回時本金只剩港幣 41,000 元。投資人自認是「保守型」，並曾向理專明確提出商品必須「保本」的要求，但理專卻提供「不保本」的連動債，也未讓投資人知悉，致使投資人誤以為購買的是屬於保本型連動債。

高院法官相當務實且經典的二段見解，讓當時銀行業為之譁然：

一、銀行主張有定期寄送對帳單及連動債訊息通知書給投資人，已有善盡說明及告知風險義務；但合議庭法官認為，銀行提供的通知函是制式文件，無法證明市場發生重大變化，而且銀行文件真的讓投資人瞭解了嗎？因此認為銀行應負舉證責任，但銀行無法提供風險說明錄音等其他證據，以此證明自己有明確告知風險。

二、投資人雖已在投資說明書及相關文件上「蓋章」，但法官認為蓋章僅能證明投資人有「用印事實」，無法證明理專有充分說明連動債的性質及風險；且該份說明書中英文夾雜、字體過小且又排列緊密，投資人更否認理專有給時間仔細閱讀文件，導致她根本無從理解不保本的特性。對此，理專無法舉證自己已有告知投資人相關內容，銀行因此遭判敗訴[2]。

從上面幾個判決不難看出，不管是保本或不保本連動債，大部分法院都認為：理專在執行締約前的相關作業時，應秉持銀行業最高指導原則，「誠信」與「真實」的精神，包括：真實的執行認識客戶作業（KYC）和風險告知，都是銀行理專應盡的善良管理人注意義務。而且，銀行理專應該要確實告知客戶商品特性和相關風險，如果理專違反這些義務，銀行就應該為客戶投資的虧損負起最大責任。

銀行先射箭，後畫靶

可惜的是，連動債這些對投資人有利的法院見解，來到人民幣 TRF 爭議時，似乎就完全不管用了，這並非銀行從連動債的教訓中學乖了，情勢看來反而是學壞了，甚至還學會裝模作樣；學會形式上擺擺 POSE，學會懂得規避法律和留下「形式上看起來真有其事」的證據軌跡。

事實上，連動債爭議發生後，金管會針對連動債發生的各種弊端，為加強保護金融消費者，特別於 2011 年訂定《金融消費者保護法》，以下簡稱《金保法》。但千萬別以為有了《金保法》，銀行就會乖乖守法，投資人就真能獲得完整保護了。有道是「上有政策，下有對策；道高一尺，魔高一丈。」為了牟取暴利，銀行就是有辦法規避對自己不利的法令，依

然能讓自己獲得最大利益，當然這回遭殃的又是投資人了。其實人民幣 TRF 爭議發生的緣由，恐怕有一半得歸咎於《金保法》立法缺漏，和金管會依據《金保法》授權訂定的相關法規命令，反而提供銀行遊走法律邊緣的機會與養分。

民國 100 年頒布的《金保法》第 4 條規定：「本法所稱金融消費者，指接受金融服務業提供金融商品或服務者。但不包括下列對象：1、專業投資機構。2、符合一定財力或專業能力之自然人或法人。

前項專業投資機構之範圍及一定財力或專業能力之條件，由主管機關定之」。

金管會依據《金保法》第 4 條第 2 項的授權，於民國 100 年 12 月 12 日以金管法字第 10000707320 號函，頒布「專業投資機構範圍及符合一定財力或專業能力之條件」的行政命令第三點：「本法第 4 條第 2 項但書第 2 款所稱法人，其應符合之條件為該法人接受金融服務業提供金融商品或服務時最近一期之財務報告總資產超過新臺幣 5,000 萬元」。

銀行辦理人民幣 TRF 商品業務會發生弊端，就是因為當時法令規定：法人總資產超過新台幣 5,000 萬元就不適用《金保法》；換句話說，如果銀行和總資產超過新台幣 5,000 萬元的法人交易金融商品，銀行就不受《金保法》規範與制約。這種法人也會被認定為「專業法人」，無法受到《金保法》保護，金管會頒布這項行政命令，造成眾多投資人民幣 TRF 的法人爭取權益時，便無法適用連動債爭議後訂定的《金保法》。

因為銀行深知《金保法》第 4 條第 2 項及金管會頒布「專業投資機構範圍及符合一定財力或專業能力之條件」行政命令的核心問題與缺口。

所以，在找尋符合這項條件客戶時候，除了從即有客戶中篩選之外，銀行為了把需求市場的餅做大，特別操作「**先射箭；後畫靶**」的推介銷售流程。

銀行 RM 為了本身業務需要，擴大尋覓不易的可銷售對象，特別採行「銀行本身需求化」的「一條龍產製客戶」模式，把原本不具資格條件的客戶，努力「創造」成符合承作人民幣 TRF 資格及條件之人，為銀行開闢不少事實上不具專業法人資格的境外法人（OBU），和事實上不具承作複雜型高風險商品條件的法人，成功地「無中生有」，將客戶一躍成為可以作為銀行銷售人民幣 TRF 對象的客戶，RM 的這一切作為，證實骨子裡並不是銀行所說的客製化服務。

「銀行需求化」的「一條龍產製客戶」模式

　　銀行知道要找到符合總資產超過新台幣 5,000 萬的法人客戶（法令規定銀行可以作為銷售人民幣組合式商品對象之基本資格），並不是件容易的事。但是眼看人民幣 TRF 商品的暴利，銀行高層在以牟取最高利益為目標導向的驅使下，或是積極要求或是消極縱容客戶關係經理（RM）：「沒客戶，找客戶；不符合資格，就創造資格」。

　　就在這個最高指導原則下，多家民營銀行 RM 便開始積極認真地教育客戶，在免稅天堂國家設立境外公司，並在國際金融業務分行開立隱密性高又可免稅的 OBU 帳戶 **3**。銀行 RM 下手對象分為二種，一種是無中生有，幫原本沒有境外公司的客戶生出一家境外公司；另一種是法人客戶原有境外公司信用風險額度已經不夠用，無法再承作衍生性金融商品交易，就勸誘客戶再另外以配偶名義申請設立一個新的境外公司，本書以附圖（圖 5-1）展示 RM 無中生有，創造銷售對象的模式。

　　從（圖 5-1）銀行客戶關係部門透過內部系統（如 VIP 客戶名單或貸款購屋留下的資料），取得資產大戶基本資料和財務狀況，找出銀行銷售特定商品設定的目標人選，便指派 RM 大軍與客戶接洽並誘導不符合資格的客戶（非專業法人客戶；自然人）透過代辦公司，協助客戶向免稅天堂國家或地區（如開曼群島、索羅門群島、英屬維京群島等），辦理註冊及公司登記（即境外公司）後，再幫客戶在國際金融業務分行開設 OBU 帳戶。

圖 5-1 銀行 RM 無中生有創造銷售對象流程圖

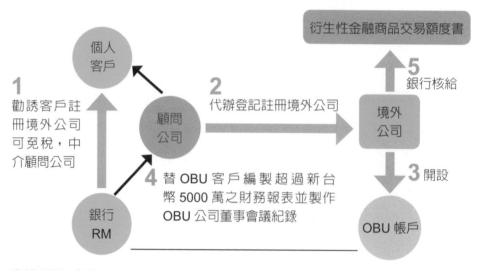

資料來源：作者

　　客戶取得境外公司並開設 OBU 帳戶後，有些 RM 就會主動幫客戶新設立的境外公司，編製超過新台幣 5,000 萬元的財務報表，和境外公司董事會議紀錄，銀行憑藉這二份「沒有公信力且不真實」的「財務報表」和「董事會議紀錄」（境外公司只需董事一名），以及一些形式上不著邊際的文件，就此一切從簡，核發給新設的境外公司衍生性金融商品風險額度[4]。

　　在銀行鋪天蓋地積極推銷人民幣 TRF 時，RM 透過這種一條龍式的操作，著實「生產製造」出許多在法律上不具有交易這種商品資格的人，讓這些「人」華麗大變身，一躍成為具有承作人民幣 TRF 資格的「境外公司」。

　　人民幣 TRF 銷售全盛時期，RM 遇到以境外公司法人身分交易的客戶，如果客戶面臨虧損狀態，且交易額度超過一定比例，沒有足夠額度再進行衍生性金融商品交易時，就有 RM 慫恿客戶以配偶名義，另外註冊登記境外公司再向銀行申請額度，如此操作的結果就是讓客戶越陷越深，虧損更是擴大到無力收拾的程度，讓許多財力原本算是中上層級的中小企業主，最後不得不變賣房產，償還銀行欠款。

全是套路

　　另外，還有一個重點讀者必須知道，承作衍生性金融商品是有「分級制度」的，大致上除了分為一般客戶和專業客戶外，還必須分別就「客戶風險承受能力」和「風險屬性」分級。

　　針對認識客戶（KYC）的分級，銀行會從客戶意願、財力、過往交易經驗、客戶承受風險能力及風險屬性綜合評分，大致分為保守型、穩健型，穩健積極型和積極型等四種等級。越是偏向積極型光譜者，就表示客戶承擔風險能力和承作高風險、高利潤商品的意願越高；反之，越往保守型光譜游移者，表示客戶承受風險能力和意願較低，這種客戶大多希望投資的商品能有比銀行定存更高的收益，加上還要能保本和低風險。

　　銀行對於金融商品，還有所謂認識商品（Know Your Product：KYP）機制與分級制度，從商品的風險高低和複雜程度，由低到高可從 RR1、RR2、RR3、RR4 及 RR5。而人民幣組合式商品（TRF），金管會定義為「複雜型高風險」衍生性金融商品。所以銀行可以銷售的對象就有相當大的限制，除總資產必須超過新台幣 5,000 萬元的法人外，在客戶可承受風險能

力和商品屬性分級上，還必須屬於積極型和 RR5 等級者 [5]。

所以，銀行為了確保好不容易找到或刻意創造出來，總資產超過新台幣 5,000 萬的法人客戶，都能符合承作人民幣 TRF 的相關條件（可承受風險能力及風險屬性）。因此 RM 在進行相關徵信、授信作業時，就算客戶不符合承作人民幣 TRF 所需要的條件，RM 也會想方設法讓客戶都必須符合上述各種條件（積極型；RR5）。

「例行」與「制式」的迷失

和銀行往來的許多場合，行員都會帶上一句：「這是例行公事，這是制式契約……」一般客戶聽到行員這麼一句話，許多人就會鬆懈心防，彷彿「例行公事」或「制式契約」裡的法律效果就會自動隱形起來，不會有權利義務爭議。

就在銀行如火如荼、大量銷售人民幣 TRF 的那段時間，RM 為了順利推動客戶符合銷售對象的分級條件，會以「例行公事」或「制式文件」甚至「配合主管機關要求」等理由，寄送「空白」KYC 文件給客戶，並要求客戶先在空白文件上簽名用印。

多數客戶看到「例行公事」、「制式文件」或「配合主管機關要求」的字句，像是吃了迷幻藥，喪失警覺心和辨識能力，毫不猶豫地照著行員指示，在空白文件上簽名用印。等到對保時，RM 就直接收回客戶已經簽名用印好的空白文件，帶回銀行任由 RM 在上面隨意填寫或勾選，以便達到讓客戶符合承作特定商品的分級條件（執行前面所說的銀行最高指導原則）。

　　而且，銀行 RM 不只如此操作 KYC 文件，就連客戶公司的董事會議紀錄，也能讓客戶喪失警覺乖乖配合銀行製作。本書前面提過，「客戶意願」是評比客戶風險屬性和願意承作商品等級重要指標。對法人客戶而言，董事會議紀錄就是表彰法人客戶意願的重要文件。接著在揭露銀行 RM 如何神通廣大，讓客戶依照銀行指示提出董事會議紀錄之前，我們先來看看銀行幫客戶預先擬好的「制式董事會議紀錄」長的是什麼樣子？本書以安泰銀行提供的董事會議紀錄範本為例（表 5-2）：

表 5-2 安泰商業銀行製作的客戶董事會議紀錄範本

_____股份有限公司董事會議紀錄

一、時間：中華民國　年　月　日
二、地點：_____
三、出席董事：　　　　　　　　　　　　　　（董事簽章）
四、主席：
五、紀錄：
六、主席報告：
七、提案討論：本公司擬向安泰商業銀行申貸衍生性金融商品風險限額新台幣壹億元正，為管理匯率、利率及其他風險，或使存款更具彈性收益，與安泰商業銀行從事與匯率、利率或其他標的物價格相關之交易，本公司在該行所評估之風險屬性
為_____，可與該行承作_____的產品，並依相關合約之規定提供交易之擔保。
本案擬請出席董事同意並授權董事長全權代表本公司與安泰商業銀行簽訂相關契約，並授權相關人員從事上述交易。
八、決議：請全體出席董事同意本案。

資料來源：安泰銀行，作者整理

一般人都知道，公司董事會議紀錄，常態上都是由公司自行指派人員依據會議內容如實記錄作成。然而銀行在銷售金融商品時，「服務」特別周到，徵提客戶董事會議紀錄時，竟然還會「主動」提供由銀行事先製作好的「客戶董事會議紀錄」給客戶，其餘為取得銀行需要內容的操作手法則和徵提 KYC 時如出一轍。

以 M 汽車公司的情形為例，RM 於對保日前的一、二日會事先請助理以電子郵件寄發空白董事會議紀錄給 M 公司職員，一、二日後就依照和 M 公司約定的時間進行對保手續，如果 M 公司尚未用印 RM 就會主動表明因為文件太多，基於服務熱忱樂於幫董事長在所有對保文件上用印（包括空白董事會議紀錄文件）。

如果 M 客戶已經在空白文件上用好印（但空白欄位依然空白，並未填寫任何文字），RM 就會直接取走。RM 的說詞當然又是「例行公事」和「制式文件」或「「配合主管機關要求」的這一套，M 公司人員一聽到這些指令，就像吃了迷幻藥一般，完全不假思索地配合 RM 指示照辦，RM 隨後攜回並於 M 公司已用印完成的空白欄位（本公司在該行所評估之風險屬性為___，可與該行承作___ 的產品），在未經 M 公司董事會授權下，指導其助理在空白欄位上擅自填寫成「風險屬性積極型，可與該行承作 RR1~RR5 的產品」（為符合銀行銷售人民幣 TRF 對象需要的分級條件），這讓不知情的第三人從外觀上看起來，會以為就是經過 M 公司董事會同意和授權的董事會議紀錄內容。

雖然銀行徵提 KYC 和客戶董事會議紀錄的操作手法相同，但法律意義和效果卻大不相同，銀行徵提的 KYC 屬於經過客戶簽名的契約文件（有檢察官認為單純屬於銀行的內部文件，這讓許多律師難以苟同），而客戶

董事會議紀錄則完全屬於客戶的內部文件，依照法律在沒有經過客戶公司董事會授權，是不允許銀行任何行員擅自製作或竄改的 **6**。

銀行客戶關係經理（RM）為了達成業務績效，已是無所不用其極地遊走法律邊緣，但終究是有備而來，在銀行專業人士指導下計畫性和系統性的操作，如果客戶沒有在第一時間保持警覺並採取有效的蒐證措施，嗣後才想透過法律對 RM 的違法犯罪行為，提出刑事和民事訴訟尋求正義和民事賠償，這並不是件容易的事，最後恐怕只能啞巴吃黃蓮 **7**。在人民幣 TRF 的某件刑事告訴案，就算證據已相當完備了，但無法理解的是檢察官就是沒看到，竟認為 RM 這種行為不算偽造或業務登載不實！這讓受投資人委任提告的一群知名律師全部跌破眼鏡。

這件案子的訴訟歷程和檢察官辦案的態度，讓人對檢察機關失望透頂。本案人民幣 TRF 投資人充分掌握上面的證據，對某銀行提起刑事告訴和民事訴訟，刑事告訴經地檢署不起訴處分、投資人向高等檢察署提起再議，高檢署發回續查，續查後地檢署檢察官完全沒有再傳訊告訴人，讓告訴人有表達意見機會，檢察官就又逕行不起訴處分，告訴人又提再議，高檢署竟容許地檢署檢察官續查時，沒有再傳喚告訴人進一步調查的不合理情形，而裁定駁回告訴人再議聲請，不起訴處分因此確定……。另外，本件民事訴訟一打就是快五年時間，目前還在地方法院兜圈子。

有鑑於人民幣 TRF 爭議，從發生到投資人爭取權益及尋求救濟的過程，金管會和司法機關處理這種極具高度爭議的金融銷售案件之態度與專業，讓投資人懷疑金融監督主管機關對銀行的監管能力，而檢察機關和法院對於金融犯罪的偵辦與審理又是如此粗糙毫無程序正義。這對投資人而言，台灣金融交易秩序與安全，可以說根本毫無保障讓人沒有信心。因此，

投資人向銀行進行投資理財交易時，真的需要審慎評估，務必對商品要有充分理解與風險認知並做好證據保存。否則，一旦發生爭議，投資人投訴無門，這恐怕會是台灣投資爭議的常態 [8]。

註釋

1 在此是指金融專業領域學有專精的學者、金融專業人員，而不是以資產超過新台幣 5,000 萬的法人。

2 台灣高等法院 98 年度上易字第 299 號判決參照。

3 OBU（Offshore Banking Unit）為「境外金融中心」或稱「國際金融業務分行」，是政府採取租稅減免或優惠措施並減少外匯管制，吸引國外法人或個人到本國銀行進行財務操作的金融單位。（資料來源：華南銀行，https://www.hncb.com.tw>area2）。

4 風險限額：就是在對客戶風險和財務狀況進行綜合評價的基礎上，確定的銀行能夠和願意承擔的風險總量，同時這也是客戶在一定期間內對銀行授信的最高承受能力。（資料來源：NBA 智庫百科。https://wiki.mbalib.com> 風險限額）。

5 這種分級方式是以安泰銀行為例，各家銀行使用名稱不一定相同，但應該都要有分級制度。

6 《刑法》第 210 條規定：「偽造、變造私文書，足以生損害於公眾或他人者，處五年以下有期徒刑」。

7 以連動債和人民幣 TRF 爭議為例，銀行行員最後被認定有罪的案例幾乎是零。

8 前面提到投資人提告銀行偽造文書、詐欺得利上億元的重大案件，檢察官開庭傳喚告訴人 3~4 次，就對被告為不起訴處分，但是，對於銀行告投資人和職員妨害名譽的案子，檢察事務官開了三次偵查庭，卻仍不罷休，原本還想要繼續追查打字小姐，真不知道台灣的司法到底是怎麼了？金融詐騙重大案件隨意偵辦，妨害名譽小案件，卻大張旗鼓勞師動眾的偵辦，實在是不可思議！

Chapter 6
投資人應有警覺與蒐證

　　銀行 RM 和理專的促銷作為，為什麼到後來會讓客戶感覺是有計畫的欺騙？

　　歸根究底這還是交易模式的問題，建議在透過銀行進行投資理財時，請大家務必優先釐清這個關鍵重點。前面花了一些篇幅介紹 RM 徵提作業時的不當手法，接著我們來看看，理專又是如何推銷商品，媒合交易？

利益衝突的交易模式

　　銀行和投資人之間到底是什麼關係？理專到底能不能相信？理專到底是為誰謀取利益？為誰服務？本書以（圖 6-1）所示的交易模式為例，檢視銀行理專推銷金融商品時的話術與真實立場：

圖 6-1

理專 ➜ 投資人
于小姐

❶ 于小姐：「我幫您」找了一檔很不錯的商品，預期 2～3 期就能獲利出場。

理專 ➜ 投資人
于小姐

❷ 于小姐：「我們會幫您向上手爭取」優惠的平倉價格。

銀行
（買方） ➜◄ 于小姐
（賣方）

❸ 實際上，銀行和投資人之間竟是交易對手（交易當事人）。

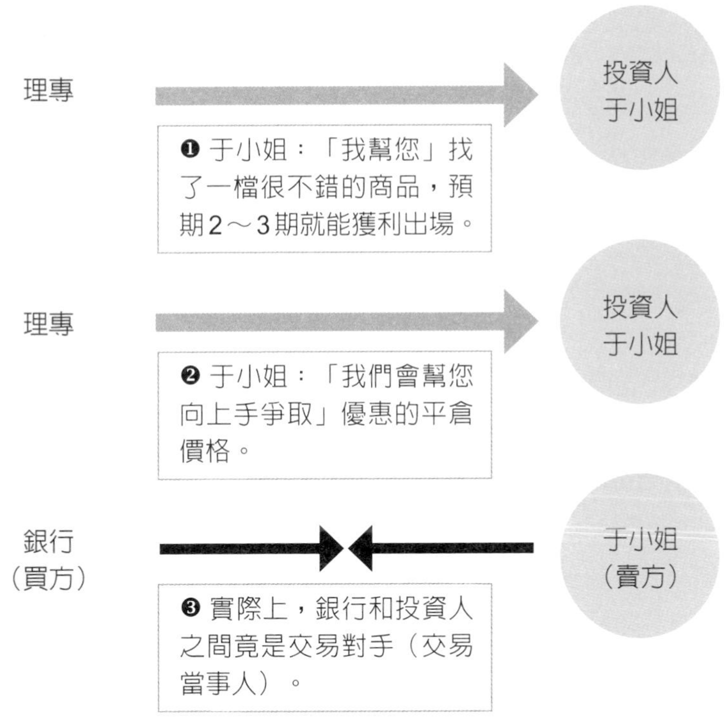

資料來源：作者

以（圖6-1）的 ❶ 所示，理專銷售商品給客戶時，首先會用：「我『幫』您，找了一檔很不錯的商品……」這種口吻來讓客戶以爲理專是中立的角色，「幫忙」客戶找尋有利的商品，因而客戶對理專銷售商品時的防備，心態上自然容易降低警戒與懷疑。

接著，我們觀察（圖6-1）的 ❷ 時也可發現，當客戶交易部位產生高額的「未實現市價損失」，客戶無力增補保證金的時候，理專會看似出於一片善意地建議客戶：「我們建議您進行平倉減少損失，並且『我們會幫您向上手爭取……』優惠的價格。」理專說話的語氣和內容，讓人感覺這檔商品好像是客戶和上手間交易，理專只是站在仲介者角色，幫客戶爭取減少損失，讓客戶頗爲感動。

上面兩段理專的用語，不論是理專推介商品或理專幫客戶尋求平倉的交易條件，理專口吻像極了房屋仲介幫客戶和屋主媒合，像是幫客戶找到一間不錯的房子，爲客戶爭取到不錯的房價，而交易當事人則是客戶與屋主。然而，銀行銷售衍生性金融商品交易，事實上並不是這麼回事。

當我們進一步觀察（圖6-1）的 ❸ 所呈現的法律關係時才恍然大悟發現，很明顯地是銀行與投資人進行一場「對賭」的零合遊戲。換句話說，理專並不是扮演單純媒合雙方交易賺取仲介費的第三者，而是，這場與投資人進行「對賭」（或稱「對作交易」）的相對人（銀行）聘僱的職員。那麼銀行理專在這種利益衝突嚴重的交易模式中，扮演的角色到底是爲客戶服務？還是爲銀行服務？

這個答案，恐怕只有銀行理專自己心知肚明了。

衍生性金融商品交易（屬於期貨交易的一種），銀行理專到底應該

扮演什麼角色？銀行和投資人間到底是委任關係還是買賣關係？基於好奇寶寶的特質，讓我們一起來找尋答案：

本書蒐集了元大期貨股份有限公司（以下簡稱「元大期貨」）的受託契約和安泰銀行的額度書，我們先來瞭解這二份文件的法律性質和主要約定：

翻開元大期貨「受託契約」開宗明義：「立約人（以下簡稱甲方）與元大期貨股份有限公司（以下簡稱乙方），依期貨交易法第六十四條第二項與期貨商管理規則第二十九條、三十條規定，訂定本受託契約，甲方為【委託】乙方在中華民國政府准許的國內國外各期貨交易所從事經核准之期貨契約、選擇權契約、期貨選擇權契約、槓桿保證金契約或其他經主管機關核准之商品（以下簡稱『期貨交易』）特定立本期貨交易受託契約（以下簡稱『本契約』），雙方協議共同遵守下列條款：…」。這是元大期貨的受託契約書開宗明義的內容，一開始就將和客戶的法律關係定義非常清楚，雙方為委任關係，元大期貨受客戶委託，「代」客戶進行相關期貨交易。而安泰銀行核發給客戶的額度書，也開宗明義的把與客戶的法律性質做了明確的界定：「…貴戶向本行申請衍生性金融商品風險額度（以下簡稱『風險額度』），並『委託本行』進行衍生性金融商品交易在案」。我們比對上述元大期貨受託契約與安泰銀行額度書，兩者都明白揭示受客戶委託進行交易，而且都是經過客戶於契約文件上簽名用印的有效契約，都是有所依據有所本。元大期貨實務上是以期貨商之地位受託於客戶進行期貨交易的法律關係，但無法理解的是在人民幣 TRF 的案子，有些仲裁人、檢察機關或司法機關對於同樣有訂定這種委託條款的銀行，就特別視而不見；完全不予參酌，在沒有任何解釋說明下，直接認為銀行與客戶之間是金融商品的買賣關係，這讓投資人無法理解更是不滿！

　　事實上，客戶就是因為安泰銀行額度書有載明這樣的委託條款，一直認為理專是受客戶委託，為客戶利益進行交易的角色，理專在推介商品過程中的口吻也確實像是立於第三仲介者角色，為客戶找尋適合商品。但卻出乎意料之外的，到最後銀行核給的交易確認書，交易對象竟然是銀行！形同是一種【對賭】而不是仲介。既然是對賭理專就不可能會為客戶的利益著想，所以很難不讓客戶感到被銀行理專前面的作為給騙了。銀行理專在推展金融商品時的利益衝突實在太大了，讀者務必小心謹慎，一定要確認交易模式和對象。

一場失真不對等的拳擊比賽

　　如果你還無法理解銀行是怎麼玩這場人民幣 TRF 的遊戲，我們試著把投資人和銀行對作衍生性金融商品交易，比擬成一場職業重量級拳擊比賽，看看銀行和投資人是如何進行這場拳擊比賽：

　　「銀行」是一名體重 110 公斤的職業重量級選手，看上一位體重只有 60 公斤，名為「門外漢」的一般人，銀行為了想和門外漢進行對打，必須先將門外漢假扮跟他一樣屬於職業重量級拳擊手，因此偷偷使用不正當的手法，將門外漢體重變造填寫成符合重量級選手資格的 105 公斤，更將門外漢的經歷，不實登載成具有職業經歷的拳擊手。接著，銀行一方面以高額獎金作為引誘，另一方面隱匿對門外漢不利的拳擊比賽規則，迫使門外漢誤以為這只是一場無傷大雅的小比賽（事實上，銀行並沒有告知門外漢是職業重量級拳擊比賽）。

　　再者，待確立銀行和門外漢雙方比賽資格與條件後，我來介紹一下

比賽規則：

這場比賽規則重點是，只要門外漢可以碰觸到銀行身體任何部位甚至一根寒毛，門外漢就可以取得這場比賽的勝出，贏得美金 1,000 元獎金，比賽結束。但是若門外漢無法碰觸銀行身體任何部位包括寒毛之前，銀行都可以不斷揮拳攻擊門外漢，就算門外漢不支倒地，只要比賽時間沒到，銀行仍可繼續攻擊門外漢，直到比賽結束，成功贏得美金 2,000,000 的獎金。

這場比賽規則上特別設計一項機制（門外漢於比賽中才知道的規定）：如果門外漢被銀行打倒在地，必須立馬繳出一筆「保證金」才能繼續比賽，門外漢繳交這筆保證金的目的，是為了擔保門外漢確實有能力可以繼續比賽。至於需要繳多少保證金，依據比賽規定都是銀行說了算，銀行說要繳多少，門外漢就得繳多少（銀行特別解釋，這是依照公平合理的計算公式算出來的，不能懷疑，也不能把計算方式和依據提供給門外漢，因為這些都是機密）；而且限定 3～5 分鐘之內就得繳交完畢，如果門外漢在 3～5 分鐘之內無法繳出保證金，這場比賽就算門外漢輸了，比賽結束，門外漢比須賠償一大筆錢給銀行。

這場重量級職業拳擊比賽，銀行就像是電影《少林足球》裡的謝賢，球證、裁判甚至比賽規則都是銀行自己訂，保證金也是銀行說了算，任何人一看就知道這是一場極為不公平的比賽。

看到這裡，讀者一定覺得這場重量級職業拳擊賽，簡直就是天方夜譚！這種完全不對等不公平的比賽怎麼會有人願意參加？的確，世界上根本不可能會有這種規則的拳擊比賽。任何人只要清楚知道完整的比賽規定後，一定都會看懂這是一場不公平不對等的比賽。然而現實的金融市場，

就真的有這種極度不公平和不對等的商品交易，導致許多投資人傾家蕩產，一輩子心血付之一炬。

金融專業的理所當然，卻是投資人的好難

說實在話，人民幣 TRF 商品爭議吵了快七年，到底有多少投資人搞清楚整個交易流程是怎麼一回事？為什麼時至今日，金管會和銀行依然不願坦然面對，公開衍生性金融商品交易的真實流程？迄今還看不到一件司法檢察機關提出，能讓投資人信服而且精闢的判決書和起訴書。

直到現在，司法檢察機關對於衍生性金融商品，若不是對交易模式多所誤解，就是不明就裡，不願深入探討，銀行徵授信作業和交易的關聯性。所謂上手銀行、銀行與投資人間的關係到底是什麼，未實現市價損失怎麼算的？誰提供的？平倉金額如何算的？是否公允？直到目前仍是一團迷霧。

人民幣 TRF 爭議發生至今，對於投資人提出的諸多質疑，銀行截至目前為止，都還是以「和上手簽有保密協議不便揭露」作為藉口，拒絕提供。也不知道為什麼仲裁人、檢察官和法官，竟然都接受銀行這樣的說詞？始終讓這些存在極大爭議的文件資料，成為不可公開的秘密。無怪乎最後作出的仲裁判斷、不起訴處分或判決，往往和投資人真實發生的歷程就像是兩個平行時空，既無法取信於投資人，也難以發掘事實真相。

我個人認為，至少要讓投資人清楚了解，RM 和理專在辦理徵授信和銷售衍生性金融商品的時候，背後到底隱藏多少陷阱和黑幕？銀行利益衝突有多嚴重？銀行一方面說是受投資人委託進行交易，實際上卻是與投資

人進行對作的法律關係，難道沒有任何瑕疵？這些質疑至少應該給予投資人合理的說明吧！

　　鑑於和銀行進行金融商品交易，投資人「知的權利」與不受不當欺瞞的基本要求，如此難以得到滿足，又無法透過司法獲得應有保障及公平審理。在如此缺乏完善保障的金融交易環境下，投資人透過銀行進行投資的時候，一定要認真了解每一項文件的作用、目的與內容，務必真正理解商品特性、交易後可能發生的各種風險，以及每一種風險發生的成因、任何一項風險發生後可能產生的連動影響及後果。

KYC 不實－後患無窮

　　銀行辦理金融商品業務過程中，任何一項不真實的作業，都有可能影響投資人的權益和最後結果，投資人絕對不能輕忽等閒視之。

　　本書絕對不是危言聳聽，銀行 RM 編製不真實的資料，對投資人會有什麼影響？一檔商品為什麼會有連鎖風險？這些都是銀行 RM 和理專不願也不敢清楚揭露的事。

　　畢竟「沒有比較就沒有真相」，且讓我們以「真假對比」方式來看看，一份不真實的資料文件所產生的蝴蝶效應，對投資人造成的傷害會有多麼慘烈。

　　本書就某真實案例，從銀行 RM 徵提客戶徵授信文件開始，對比內容「真實」和「不真實」KYC、客戶董事會議紀錄等相關文件，導出客戶不同的資格與條件，透過理專強力銷售，誘導客戶承作人民幣 TRF 後所造成的不同後果（圖 6-2）：

　　總結下述資料，從（圖 6-2）傳遞出一個事實：若銀行能夠秉持忠實誠信義務，依據事實真確評定投資人 KYC（在本案例投資人 KYC 評分應該是 58 分），並且遵照規定不銷售這種商品（人民幣 TRF）給這位不符合資格及條件的投資人，這位投資人就不會（也不能）參與這項商品投資，自然不會衍生一連串增補保證金、平倉和虧損 366 萬美元的事情。

　　雖然 RM 只是針對 KYC 和董事會議紀錄動了一點手腳，但卻因為這麼一個小動作，導致這位投資人因交易不適合的商品，而產生連鎖效應，

平白損失 366 萬美元，我實在不明白爲什麼金管會、檢察機關及法院對於
這種行爲，可以視而不見或輕忽帶過？我相信如果發生在國外，銀行 RM
膽敢對 KYC 登載不實甚至變造客戶董事會議紀錄，肯定會被金融監督機
關重重處罰及承擔刑事罪責。但是反觀台灣，銀行這種違法不當行爲，卻
都還能平安無事！金管會與司法檢察機關對銀行這種行爲的縱容與無視，
對於台灣投資環境秩序的維護而言，隱然成爲會隨時爆發的不定時炸彈。

詳閱文件，完整保存

本書還要特別提醒投資人，理專掛在嘴裡的「例行公事」、「制式
文件」，對銀行和客戶雙方當事人而言，就是白紙黑字具有法律效力的契
約文件。尤其銀行制式契約條文內容密密麻麻，包含許多規範投資人必須
遵守的義務，和一些排除銀行法律責任的條款。所以投資人和銀行簽訂的
所有文件，自己應負的契約義務，違約時的責任（尤其是可能會牽連到在
銀行的存款和抵押物），銀行有哪些情形是可以免責，椿椿件件都要詳細
閱讀清楚了解。否則難保自己一不小心構成違約，要不就是銀行有免責條
款護身，一旦發生爭議或損害，投資人想要向銀行爭取權益討公道，恐非
易事。

正常情形下，銀行與客戶往來的每一份文件都要留底存檔，這是銀
行的標準作業流程，但常有投資人簽署文件時，卻因爲信任銀行的制式契
約，故而忽略妥善保留存檔的必要，待日後發生爭議想要提告時，即因手
上欠缺資料證據，只能啞巴吃黃蓮（銀行常會以保密爲藉口，在訴訟時拒
絕提供）。

圖 **6-2**

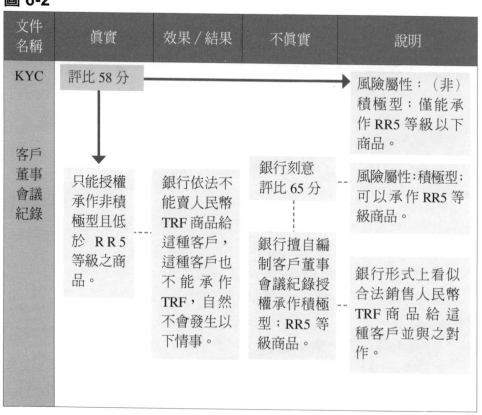

文件名稱	眞實	效果／結果	不眞實	說明
KYC	評比 58 分			風險屬性：（非）積極型；僅能承作 RR5 等級以下商品。
客戶董事會議紀錄	只能授權承作非積極型且低於 RR5 等級之商品。	銀行依法不能賣人民幣 TRF 商品給這種客戶，這種客戶也不能承作 TRF，自然不會發生以下情事。	銀行刻意評比 65 分	風險屬性：積極型；可以承作 RR5 等級商品。
			銀行擅自編制客戶董事會議紀錄授權承作積極型；RR5 等級商品。	銀行形式上看似合法銷售人民幣 TRF 商品給這種客戶並與之對作。

理專配合強力銷售，誘導客戶承作人民幣 TRF。

權利金	比價可能獲利	比價可能損失	資金流動風險	可能損失風險
客戶因為賣出選擇權應該可以取得權利金，但銀行大多隱匿不給權利金。	當匯率比價結果累積達到約定的點數時，投資人即可獲利出場。（但投資人可能獲得之利益相對於可能承受的風險，不成比例）。	當投資人無法透過各期比價達到累積點數而出場時，必須按約定期日比價，一直比到合約約定的期數全部結束為止。因此，一直比價的結果縱使每期比價投資人都虧損，依然必須比到合約全部結束為止。	當波動度變大時，銀行會調整風險權數，使原本槓桿比例降低，而使得原先可以用一元操作一百元的槓桿可能變成一元只能操作五十元，而使得投資部位的「未實現市價損失」暴增。	投資人必須增補保證金 ↓ 無法增補保證金 ↓ 平倉（強制平倉或合意平倉）

資料來源：作者

　　另外，銀行提供的許多文件中，有需要在空白欄位填寫文字的地方，務必要自己親自填寫或親自看著銀行理專當場填寫，並且必須知道填寫內容在交易上和法律上的意義，盡量避免僅在文件上簽名用印，留下空白欄位。

　　投資人會在人民幣 TRF 爭議上吃大虧，往往就是敗在太相信理專，只先在空白的 KYC 和董事會議紀錄上簽名用印，讓銀行 RM 有機會在空白欄位上隨意填寫不實內容，待日後出現爭議時，投資人往往毫無反擊之力 **1**。

　　同樣的，銀行與客戶正式交易後的風險告知，理專相當清楚依規定必須錄音。只是此時的錄音，一方面是為配合銀行局要求，是作給主管機關看的；另一方面，這些都是證明銀行有盡到告知義務的錄音，理專自然中規中矩，不會說出對銀行不利的內容。

　　然而進行商品推銷時（此時銀行一般不會錄音），理專為了成功媒合這筆交易，各種誇大不實、欺瞞哄騙、誘導投資人的話術都可能傾巢而出，所以投資人此時最好能錄音存證（無論是電話或當面對話）。有位投資人，就因為保存文件並錄到理專誇大不實的對話內容，迫使銀行同意以較高賠償成數和解。

　　除了保存簽署過的制式文件及理專推銷過程的錄音外，銀行提出的廣告文宣紙本、line 對話和電子郵件等紀錄，最好都能完整保存，甚至銀行提供交易文件時序都要作好紀錄（尤其是商品說明及風險告知的時序）。有些金融商品特性，如果充分揭露可能風險，肯定會嚇跑一堆投資人，導致理專推銷商品前，鮮少會誠實告知客戶可能的風險（雖然金融相關法令

要求銀行在銷售商品「前」，應充分揭露可能風險）。

　　作者協助投資人接觸的實際案例，銀行針對銷售商品提供的風險告知書，幾乎都是在投資人完成「個別」交易「後」才提供。只是金管會、檢察機關和法院在實際案例中，對於銀行這種違反法令的行為，除了台北地方法院曾有判決認為銀行違反風險告知義務，而判決銀行應負損害賠償責任外，其餘同類案件似乎並未獲得其他相關單位及法官的重視。

流於形式的風險預告，實則爲銀行免責聲明

　　銀行風險預告書上記載內容，多半是制式且空泛的標語化揭示，並不具有實質意義的風險告知，許多內容只是徒具形式的概括性表述，根本是爲了敷衍金管會虛應故事、掩耳盜鈴之用。無奈，金管會及銀行公會似乎並沒有認眞落實管控，遇到的法官如果又不懂衍生性金融商品特性和眞正可能的風險，很容易就被銀行似是而非的說詞矇騙過去，這讓投資人在仲裁和司法訴訟時，可眞是吃盡苦頭。

　　對於銀行風險預告書的評論絕非無的放矢，本書認爲衍生性金融商品交易不同於一般商品交易，對投資人而言，風險機率、可能損失等資訊與獲利同等重要，不可偏廢。衍生性金融商品交易相關法規就特別要求銀行在銷售衍生性金融商品「前」，對投資人應「充分」揭露可能風險。所以審查銀行是否確實遵守風險告知義務時，不僅在「時序上」的落實很重要，揭露的「內容的具體與連結性」更爲關鍵。

　　以安泰銀行風險預告爲例，一般銀行提供制式風險預告的時間點，主要分爲三個時間點。第一個時間點是銀行和投資人簽署「交易總約定書」時，會提供一份非針對特定商品（一般性）的風險預告書；第二個時間點是在銀行和投資人進行交易個別商品「同時」，形式上會進行約 58 秒的罐頭錄音風險告知；第三個時間點則落在交易完成數小時或數天「後」，銀行會以傳眞或郵寄方式，提供附加於產品說明書上的風險預告書（附錄2）。而第三個時間點銀行提供的風險預告書，和第一個時間點提供的內容幾乎相同。

　　事實上，銀行提供的制式風險預告書，對銀行而言，有沒有確實告知風險並非重點，主要重點與實質目的是彰顯銀行的免責聲明，也就是透過風險預告書，銀行把自己的法律責任撇得一乾二淨。而金管會、仲裁人、檢察官和法官對銀行提供的風險預告書內容，和個別交易的商品有沒有實質關聯又不在乎的情況下。原本衍生性金融商品交易最重要的風險告知這個銀行最重要的交易義務，從人民幣 TRF 的仲裁與訴訟結果看來，今日在台灣的交易場域，似乎已經被忽略、踐踏到無足輕重的程度。

　　所以，作者要特別提醒投資人，透過銀行進行衍生性金融商品交易時，要了解銀行提供的風險預告書內容，是不是交易商品實際可能的風險，這可是重中之重，不能忽略。有興趣的讀者可閱讀附錄 2：安泰銀行風險預告書全文，與本書揭露人民幣 TRF 實際發生的風險比對看看，了解安泰銀行風險預告書中到底有沒有提到人民幣 TRF 實際發生的風險，以及所載內容是否容易看懂？

　　本書以安泰銀行的第一個時間點：風險預告書（節錄版）為例，一起來審閱這份風險預告書（圖 6-3）的架構及內容：

圖 6-3 安泰銀行風險預告書（節錄）

風險預告書（節錄版）

　　安泰商業銀行股份有限公司（以下簡稱「安泰銀行」）茲告知與安泰銀行或透過安泰銀行從事財務及金融衍生性商品交易之客戶，必須明瞭有關從事該等交易涉及之風險，尤其是揭露於本風險預告書中之風險及警告。此份風險預告書的目的乃在於您從事任何財務及金融衍生性商品交易

之前，簡要地說明該等交易之本質。尤其是，您必須了解從事金融、有價證券與金融衍生性商品交易或契約相關連之損失風險可能極大。

本風險預告書並無法完全揭露個別交易之所有風險及其他重要事項，亦無法揭露或探討個別交易之各種風險或其他重要層面。因此，在進行任何特定之交易前，您應詳細研究該項交易並應與您的獨立會計、律師、稅務及財務顧問等專家諮商。基於您的經驗、財務狀況、業務經營及投資目標來判斷個別交易是否適宜極為重要，且您應明瞭該判斷應完全由您自行負責。

此外，本風險預告書之內容並不等同於您與安泰銀行目前進行交易之內容，亦不代表安泰銀行目前提供之產品項目，應依您與安泰銀行間實際上進行之交易而予以適用。在考慮是否進行個別交易時，您應明瞭下列事項：

1. 有價證券交易之風險
2. 外匯交易之風險
3. 衍生性商品交易之風險
   （1）期貨交易之風險
   （2）選擇權交易之風險
   （3）利率交換交易之風險
   （4）遠期外匯交易之風險
   （5）結構型商品交易之風險
   （6）商品風險
   （7）可轉換公司債資產交換交易之風險
       a. 可轉換公司債資產交換固定收益端交易
       b. 可轉換公司債資產交換選擇權端交易
4. 人民幣衍生性金融商品

5. 其他風險

（1）最低收益風險

（2）交易提前終止風險

（3）利率風險

（4）交易相對人（信用）風險

（5）事件風險

（6）國家風險

（7）交割風險

（8）提前到期風險

（9）再投資風險

（10）通貨膨脹風險

（11）信用事件風險

（12）本金轉換風險

（13）稅賦風險

（14）匯兌風險

（15）鎖單風險

（16）市場風險

（17）契約條款風險

（18）流動性風險

（19）法律風險

6. 您在未完全了解下述事項前，不應從事任何交易：

（1）該等交易之性質及基本事項，與進行該等交易之市場情形。

（2）該等交易有關文件之法律條款。

（3）因進行該等交易您所涉及經濟上風險之程度（並於衡量您在該特定交易上之經驗與您的財務目標、情況及資源等因素後，自行決定您

能否適合承受該風險）。

（4）該等交易所涉及之所得稅稅賦（該等稅賦可能極複雜）。

（5）該等交易適用之法令規範。

您應詳閱所有您將與安泰銀行簽訂之契約、合約或確認書之條款。您必須完全了解您在該等契約、合約或確認書下之權利及義務。

安泰銀行強烈建議您審閱任何交易所涉及風險之所有資料（包括安泰銀行所提供者，以及您徵詢獨立專家之意見所獲得者）。

資料整理：作者　資料來源：安泰銀行

雖然（圖6-3）僅為風險預告書節錄，但仍可有層次地解析此份預告書內容架構。本書將這份風險預告書不變更文字，但重新組合文字敘述順序，用大白話詮釋風險預告書節本關鍵內容所要表達的意思：

銀行開宗明義表明：「本風險預告書並無法完全揭露個別交易之所有風險及其他重要事項，亦無法揭露或探討個別交易之各種風險或其他重要層面。……本風險預告書之內容並不等同於您與安泰銀行目前進行交易之內容，亦不代表安泰銀行目前提供之產品項目」。翻成大白話就是：這份風險預告書不是針對個別交易揭露風險，所列舉的風險和個別交易商品不見得有關連。

「應依您與安泰銀行間實際上進行之交易而予以適用」。也就是說，這份風險預告書裡，哪些風險會適用到自己實際交易的商品，自己判斷。

「客戶，必須明瞭有關從事該等交易涉及之風險，……在進行任何特定之交易前，您應詳細研究該項交易並應與您的獨立會計、律師、稅務

及財務顧問等專家諮商。基於您的經驗、財務狀況、業務經營及投資目標來判斷個別交易是否適宜極為重要，且您應明瞭該判斷應完全由您自行負責」。簡單地說：客戶必須自己找專家了解風險；斟酌自己能力，一切由自己負責。

「尤其是揭露於本風險預告書中之風險及警告。此份風險預告書的目的乃在於您從事任何財務及金融衍生性商品交易之前，簡要地說明該等交易之本質」。其實就是：此風險預告書列舉的一大堆所謂的風險，都特別嚴重，銀行已經警告了，商品本質是什麼自己判斷。（只是這份風險預告書到底「具體」揭示了些什麼風險？有興趣且有研究精神者，請參考附錄 2：完整的風險預告書內容）。

「尤其是您必須了解，從事金融、有價證券與金融衍生性商品交易，或契約相關連之損失風險，可能極大」。簡單來說就是：已經告訴您了，交易損失風險極大喔！

這樣看起來，銀行提出這份風險預告書之目的，就是告訴客戶：了解風險是客戶自己的責任，至於客戶交易的個別商品具體風險是什麼？得靠客戶自己組合判斷，而且不管什麼商品，「損失風險都是極大」！

依據 102 年、103 年金管會頒布的〈銀行辦理衍生性金融商品業務應注意事項〉均明確規定：「風險預告書應充分揭露各種風險，並應將最大風險或損失以粗黑字體標示」、「銀行向屬自然人之一般客戶提供衍生性金融商品交易服務，在完成交易前，至少應提供產品說明書及風險預告書，銀行並應派專人解說並請客戶確認」[2]，及 104 年〈銀行辦理衍生性金融商品業務內部作業制度及程序管理辦法〉規定：「銀行向非屬專業機

構投資人之客戶提供複雜性高風險商品，應充分告知該金融商品、服務及契約之重要內容，包括交易條件重要內容及揭露相關風險，……」**3**。

金管會頒布的法令清楚規定「銀行應充分揭露各種（相關）風險」，不知道像安泰銀行的風險預告書算不算已充分揭露「相關」風險，還是「充分規避責任」？在此特別提醒投資人，銀行有高人指點先自我免除責任，想要透過銀行進行衍生性商品交易，得自求多福認真作功課，隨意聽信理財專員吹噓沒有風險、機率不大或只是例行公事等話術，恐怕都得承擔一切後果。

考驗聽力及理解力

作者在協助投資人與銀行的訴訟過程中，銀行委任律師最得意的就是掌握交易後，銀行撥放風險告知錄音給投資人，以及投資人應答的內容，此舉的確容易讓法官輕易相信，銀行確實有履行風險告知的義務。

但值得探討的是，金管會要求銀行依法應充分揭露可能的風險是採「形式主義」；銀行有風險告知的形式作為即可？還是採「實質主義」；必須達到讓客戶理解的程度？可惜的是，這個攸關如何認定銀行是否已充分告知風險的關鍵問題，截至目前為止，仍未獲得主管機關和司法單位的重視。

在人民幣 TRF 商品爭議案例中，有地方法院法官採實質主義，認為銀行應該在交易「前」必須「直接」、「明確」、「完全」且「充分」地揭露可能面臨的投資風險，判決投資人勝訴**4**，當時這項判決讓所有投資人大為振奮。但令人遺憾的是，銀行上訴高等法院後，這樣的見解依舊未

獲高院法官重視。

（圖 6-3）為安泰銀行風險告知罐頭錄音譯文，提供讀者了解人民幣 TRF 商品，安泰銀行播放的風險告知錄音內容，但必須特別提醒讀者，銀行撥放錄音時並沒有文字檔，這等同於是對投資人「聽力」和對金融術語「理解力」的考驗：

圖 6-4 安泰銀行風險告知罐頭錄音譯文

安泰 歡迎進入安泰雲端錄音系統，請輸入員工編號，您輸入的員工編號 ABCDE 正確請按 1，請於干擾音中輸入，語音密碼

投資商品

您輸入的服務項目為 TMU 風險告知，正確請按 1，本國自然人請按 1

請輸入公司統一編號，您輸入的統一編號為 12345678

請輸入商品編號 TMU 風險告知，請按 01，期間錄音請按 1，快速錄音請按 2

請輸入外撥的電話號碼，您輸入的外線號碼為 02-123456，正確請按 1

*　　　*　　　*　　　*　　　*　　　*

安泰：「盧小姐嗎？」

盧小姐：「是」

安泰：「你好，我是安泰銀行 TMO 艾倫，我們在上禮拜二（17 號）xx 公司與安泰銀行做了一筆 TARF 的交易，是要跟你做個電話錄音，會先撥放 6 項風險告知稍後再跟你錄交易內容。」

盧小姐：「好」

安泰：「本行依主管機關規定需向客戶告知及揭露以下風險，請您仔細聆聽有疑問請提出，會有專人為您解說相關風險如下⋯⋯

1. 衍生性金融商品如屬非以避險為目的，其最大可能損失金額XX，如為既有乘數條款 組合式交易，當市場價格不利於客戶價格時，交易損失依據有乘數效果而擴大。

2. 衍生性金融商品之市價評估損益，是受標的市場價格因素影響而變動，當市場價格不利於客戶交易時，會依市價評估損失，有可能遠大於預期。

3. 客戶於到期前，提前終止交易，如市場價格不利於客戶交易時，客戶有可能承受巨額交易損失。

4. 天期較長之衍生性金融商品，將承受較高之風險，於市場價格不利於客戶交易時 客戶將承受較高之提前終止交易損失。

5. 如客戶有不依市場交易計算，應提供擔保品義務，當市場價格不利於客戶交易，將產生市價評估損失時，客戶應履行提供擔保品之義務，客戶應提供擔保品數額遠大於預期時，可能產生資金調度之流動性風險，如客戶未能履行提供擔保品義務，至銀行提前終止交易，客戶將可能承受巨額損失。

6. 以避險目的承作之衍生性金融商品，如契約金額大於實質需求，超額部分將承受無實質部位覆蓋之風險。

請問以上風險是否都了解？」

盧小姐：「是，了解。」

安泰：「盧小姐，貴公司風險等級是RR5，我們做的TARF此產品的風險等級也是RR5，那交易編號是FX12345678；交易條件是：我們是在上禮拜二，這邊賣了一筆美金對人民幣金額是30萬對60萬，天期是

24 個月 2 年，執行價 K 是 6.40 交割次數跟權利金收付是…，24 次比價方式也是 24 次，我們這邊的出場條件 EKI 是在我們這邊的 EKI 是放在 6.50，出場條件是 4500 點，那是在 6.40。跟盧小姐這邊宣讀一下：此產品的那我們這邊是 30 萬對 60 萬 CNY，然後 1 到 24 個月比價 K6.40，EKI 6.5，4500 點出場，我們的 FX 是小於等於 K 的話，那盧小姐這邊是賣 30 萬在 6.40，那如果 FX 是大於 EKI6.5 的話 那盧小姐是賣出 60 萬在 6.40

那請問以上條件是否正確？」

盧小姐：「是」

安泰：「請問此筆交易是避險需求，或是交易目的？」

盧小姐：「交易目的」

安泰：「好，那就麻煩您等下要聽一下交易序號，那您再掛斷，謝謝。」

*   *   *   *   *   *

完成錄音，請按井字鍵，本次錄音已完成，交易編號為 FX12345678，謝謝您的來電。

整理：作者　資料來源：安泰銀行

乍看（圖 6-3）安泰銀行風險告知罐頭錄音譯文，原則上內容確實提及人民幣 TRF 商品實際發生的部分風險。但是銀行在操作上仍有相當大的問題與陷阱。銀行這種罐頭錄音的風險告知，是在與投資人進行交易同時提供投資人聽取的錄音，而且錄音內容並不會給投資人書面，錄音播放速度相當快（全程約 1 分多鐘），如果投資人不是金融專業及對這些專有名詞相當熟悉者，恐怕會有聽沒有懂（讀者有興趣嘗試者，可以請朋友以

相同速度朗讀裡面的內容，讀者不看錄音譯文的狀況下，能夠聽懂多少）。

尤其是，銀行理專在撥放風險告知錄音前，會先教育投資人如何應答（比照港劇《奪命金》，何韻詩扮演的銀行理財專員，教育客戶回應電話錄音風險告知的方式相同），如聽到電話錄音另一端詢問時，一概回答：「是，我了解，交易目的。」

作者在協助投資人和銀行爭訟的案例，就有銀行理財專員不論是在交易前或交易後，都沒有告知投資人「交易目的」是什麼意思？「RR5」和投資人可承作商品的風險程度之間又有什麼關係？投資人因為充分信任理專，輕忽事情嚴重性和警覺心，只知一股腦兒地配合理專指示回答問題。

直到發生爭議後，投資人才驚覺銀行所謂「交易目的」等於「非避險」目的，所謂「RR5」即是可承作最高級風險的商品，風險等級 RR5 的人，才有資格與條件承作人民幣 TRF 這種屬於「複雜型高風險」衍生性金融商品。

總括來說，銀行在交易前後所提供的風險預告書內容，與個別交易商品的特性及風險並無直接關聯，投資人實在無法從風險預告書中了解實際承作交易可能的風險。縱使與投資人交易同時，確有撥放時間約 1 分鐘的風險告知罐頭錄音，雖然看似已有履行告知義務的形式，但這種錄音不僅考驗投資人聽力，更在考驗投資人的記憶力與理解力，且風險告知內容的實質意義與內涵，對於非金融專業投資人而言，恐怕是有聽沒有懂的「有聲天書」而已！

註釋 ————

1 因為投資人已先在文件上簽名用印，在法律上會有概括授權的問題，所以訴訟時除非能夠提出有力證據，否則很難讓法官相信，投資人並沒有授權理專在空白欄位填寫相關文字。

2 參看102年、103年「銀行辦理衍生性金融商品業務內部作業制度及程序管理辦法」第24條。

3 參看104年「銀行辦理衍生性金融商品業務內部作業制度及程序管理辦法」第25條。

4 參臺灣台北地方法院104年度重訴字第1258號民事判決。

Chapter 7

大到不能倒 ── 失能的金融監理

　　雖然主管機關制定《金融消費者保護法》用以健全及保
障金融消費者權益。可惜銀行業非但沒有記取教訓，反而變
本加厲，利用認識客戶作業（KYC）和徵提各種資格文件之
便，「創造」客戶和欺瞞客戶的能力，更加精進。

　　嚴格說來，許多案例發生原因，通常都是銀行刻意「創
造」客戶和欺瞞客戶的結果，不可不慎。

裁罰不痛不癢─銀行內控失能

　　銀行為了牟取暴利，銷售人民幣 TRF 時採取的各種惡劣行為，雖然遭到主管機關金管會多次「裁罰」懲處，但對於 3,700 家受害中小企業而言，卻沒有獲得實質上的助益。

　　2013 年 5 月 1 日，永豐銀行遭到金管會銀行局以不當銷售人民幣 TRF 為由，「停止新承作 Target Redemption Forward（TRF）商品交易」[1]，此件行政處分開啟銀行業不當銷售人民幣 TRF，遭到金管會一連串裁罰的序幕……。

　　銀行不當銷售人民幣 TRF 商品的行為，並未因永豐銀行遭到金管會禁止銷售的處分而停歇，反而因為這項商品有暴利可圖，銀行業者紛紛起而效尤，傾全力推銷，而且為了「衍生」更多形式上符合銷售對象的外觀，理專們可說是用盡各種不正當和違反誠信「無中生有」的方式將不符合資格條件的客戶，「創造」成為具有與銀行對作資格與條件的投資人。並且在推銷商品時，刻意隱匿可能的風險，甚至有些 RM 和理專誇大宣稱該項投資獲利快速又沒風險，藉以誘使眾多中小企業主誤信，而與銀行進行交易對作[2]。

　　自永豐銀行遭到金管會禁止銷售人民幣 TRF 的行政處分之後，金管會仍不斷接獲投資人檢舉，因而自 103 年開始對銀行大規模進行金融檢查，發現竟有數十家民營銀行推介銷售商品時，有多種不當或不法行為且情節重大，遂於 103 年 6 月 25 日對多家銀行進行大規模懲處，本書綜合主要理由（即各銀行違法缺失行為）如下（表 7-1）：

表 7-1 金管會懲處銀行主要理由

態樣類別	
金融商品獲利大	貴行金融商品行銷業務 100 年至 102 年收益分別爲新臺幣（以 4.27 億元（18.71%），顯示過去三年，貴行金融商品行銷業務 79.83%，貴行金融商品行銷業務於短期內大幅成長 [3]。
核給額度	貴行爲追求 TMU 收益快速成長，核予客戶之交易額度，未根將增加客戶違約機率。
	核定衍生性金融商品交易額度有超過客戶全年外幣營收情形，額度，及提供主要以避險爲主之客戶承作非避險商品。
	核給客戶之交易額度未予以區分避險及非避險額度，且於額度風險商品。
認識客戶認識商品	未確實執行認識客戶，及商品適合度評估。
	未依客戶董事會議決議內容，或交易目的等條件銷售客戶適合
	未依客戶淨值、營收、交易經驗、或所承作幣別與徵信之業務易造成客戶承擔過高風險。
董事會議紀錄	依貴行「衍生性金融商品客戶適性檢核表」規定，已規範需對戶董事會議紀錄申請之交易額度用途爲匯率避險，或未明確註避險客戶」或「交易投資客戶」，批覆書並核准客戶可以承作
風險揭露告知	未充分揭露商品內容重要事項及風險承擔事宜。
	對於客戶辦理人民幣 TRF 交易，貴行金融行銷人員（TMO）品所涉風險。
	貴行於交易高風險之「複雜型匯率選擇權」時，雖有留存錄音權，及中途解約時，須支付貴行反向交易之平倉權利金等重要
風險權數	貴行計算金融交易額度使用之金融商品風險權數，未依內規定其他匯率及利率商品風險權數自 99 年起皆未辦理評估調整，
理專資格條件	辦理衍生性金融商品銷售之金融交易業務人員（TMO）有未具

資料整理：作者 資料來源：金管會

行主要理由

下同）1.04 億元（占全行手續費收入比重 5.23%）、1.81 億元（8.05%）及
大幅成長，且過去三年高風險交易占金融商品行銷業務總收益平均比高達

據客戶之交易經驗與實際需求，且未考量客戶風險承受度與商品適合度，

及未考量客戶過去投資交易經驗及實際需求，即核給較高衍生性金融商品

核准後與客戶所承作之交易多為 Target Forward 等不具明確避險效果之高

商品。

收付款項幣別無關等核給適合之商品，商品適合度評估程序缺乏明確標準，

客戶操作衍生性金融商品內部規範，及董事會決議內容進行檢核。惟有客
明交易額度用途（避險或非避險使用），貴行卻將客戶適性歸類為「部分
賣出選擇權之高風險交易，顯示貴行人員未切實依內部規定辦理。

僅向客戶說明該類商品可能會提早獲利出場，未讓客戶適當及確實瞭解產

及契約文件，惟未充分告知客戶該商品為收益有限、風險無限之賣出選擇
風險承擔事宜。

期辦理評估，經查除 101.11.23 修正美元對人民幣匯率商品風險權數比率外，
與貴行「金融商品交易對手信用風險管理準則」規定不符。

備「銀行辦理衍生性金融商品業務內部作業應注意事項」第 17 點。

金管會自 2014 年 6 月 25 日起，大規模針對十幾家民營銀行進行裁罰後，一直到 2017 年 6 月 1 日止，總計針對銀行進行五波的行政處分，累計總罰款金額達新台幣 1 億 400 萬元。而銀行業銷售單一金融商品，卻遭到金管會五波的裁罰作為，至少具有以下四種意涵：

1、對銀行業而言： 裁罰不痛不癢，裁罰與獲利顯然不相當[4]，就算遭到金管會裁罰 1,000 萬元，比起動輒一年賺進數十億的獲利來說，根本就是九牛一毛。

2、 銀行只求獲利，罔顧企業良知與職業道德，一而再，再而三地重複犯錯，這已不是疏失，簡直就是故意；銀行業至為重要的法遵、內控機制形同虛設，誠信原則幾已蕩然無存。

3、對金管會而言： 監督無力，任由銀行恣意妄為，視法令於無物，卻始終拿不出一套有效的金融監理手段，有效遏止銀行持續以相同手法，違法銷售衍生性金融商品，任由銀行欺瞞、玩弄投資人，長達四年。

4、 金管會縱容、掩護銀行，對於銀行被投資人提告涉嫌刑事不法的犯罪行為，消極不願提供檢調機關金檢資料，某些官員在立法院和媒體，看似指責銀行，實際是在護航銀行，避免刑事責任上身[5]。

監察院認證，金管會監管不力

監察院於 2017 年 3 月 7 日，針對銀行辦理衍生性金融商品業務，不斷重複發生相同缺失，嚴重損害投資人權益至鉅且大，故而認為職司監督管理之責的中央目的事業主管機關「金管會」監理效能不彰，未能善盡監

督管理之責，因此對金管會提出糾正案 **6**。

監察院對金管會的糾正案文，把銀行從民國 100 年辦理衍生性金融商品業務以來的「所作所為」（金管會稱為『缺失』）**7**，和金管會監理效能不彰的軟弱表現做比較，其中多項指標皆有清楚指述，令人不禁感嘆，在這樣的金融秩序環境下，投資人的權益完全遭到漠視。監察院這篇長達八頁的糾正案文，內容具體真實，值得玩味，本書節錄若干重點如下（圖 7-1）：

圖 7-1 監察院糾正案文節錄

糾正案文（節錄）

被糾正機關：金融監督管理委員會

貳、案由：

金融監督管理委員會未能善盡金融主管機關監督之責，有效監督金融機構強化內部稽核功能，落實內部控制制度，健全金融機構業務經營，監理效能不彰，致金融機構銷售人民幣 TRF 爭議頻生，影響金融穩定，且導致投資人對金融機關之監理效能多所質疑，斲傷政府威信，核有怠失，爰依法提案糾正。

參、事實及理由：

三、查此次人民幣 TRF 爆發銷售爭議，……本院就金管會 103 年至 105 年期間多次辦理與衍生性金融商品業務相關之金融檢查，彙整各銀行之缺失…各銀行均存有不同態樣之缺失，單以衍生性金融商品專案檢查發生缺失銀行即高達 23 家，另董事會會議紀錄缺失亦高達 18 家，足證銀行

內部控制制度亟待確實檢討改善，內部稽核功能不彰，……。

五、本院再請該會提供 103 年度對銀行辦理金融檢查，發現銀行辦理衍生性金融商品業務之缺失，於 105 年度對該等銀行進行金檢，尚發現銀行辦理衍生性金融商品業務重複發生相同缺失，足見銀行未能確實改善缺失，銀行稽核部門未能發揮應有之功能，對於金管會所提檢查意見，未能確實追蹤改善。

六、經本院彙整發現銀行缺失態樣甚多，……然銀行辦理衍生性商品業務歷時多年，竟連此基本銷售應具備條件之規定都無法遵守，此除可看出銀行對於法規遵循度明顯不足，更凸顯金管會過往所為之金融檢查之強度與效度不足，檢查流於形式，缺乏效果。……然已造成諸多中小企業發生重大損失。

八、綜上，衍生性金融商品業務已推行多年，該等商品多具有高風險特性，銀行之遵法與否對投資者權益影響極大，倘銀行對於法令遵循度不足，縱然法規規範完善，銀行如未能具體落實執行，將使法規形同具文。

資料整理：作者
資料來源：監察院

司法之路難有眞相

　　投資人看到金管會五波對銀行業的裁罰，以及監察院對金管會的糾正案頗爲欣喜，認爲藉由金管會對各銀行的裁罰書，透過仲裁或訴訟向銀行請求賠償時，或向檢察官對銀行提起告訴時，在訴訟上可以取得較大優勢。然而，事實上投資人高估了仲裁人、檢察官和法官對銀行辦理衍生性金融商品的理解，與審理金融商品爭議時的態度。

　　本書不探討那些手中掌握公平正義與判斷是非曲直大權的仲裁人、檢察官和法官，對於金融爭議民事事件及刑事案件做出判斷、處分或判決內容的優劣。而是著眼於職司偵查或審判職務的司法菁英，在審理投資人和銀行間金融商品爭議，或銀行行員有無犯罪時，表現在審理案件時的態度，是否令人放心，值得信賴。

　　作者擔任企業法務二十餘年，經手案件雖不如執業律師承辦過的訴訟案件那般的多樣與頻繁，但相較於一般非法律工作者，仍有許多接觸訴訟實務的機會。然而在人民幣 TRF 爭議案件，配合律師協助幾位投資人和銀行進行金融商品交易爭訟，舉凡仲裁、刑事訴訟和民事訴訟等程序時，親眼見證某些仲裁人、檢察官和法官審理案件時的輕蔑態度與罔顧程序正義的作爲，著實讓人瞠目結舌，令人難以信服，投資人眞是有冤無處訴。

　　就有某件眞實案例，投資人經歷仲裁程序、民事法庭、刑事告訴和交付審判，一直到委任律師對銀行負責人和部分行員提起刑事自訴的艱苦歷程，在爭取權利和求取眞相的道路上眞的是既卑微又困難重重：

1、仲裁程序

仲裁程序是由爭議的雙方當事人，從金融仲裁人名冊中，各自選任一名仲裁人[8]，再由這兩位仲裁人共推一位主任仲裁人，仲裁人的資格多半為律師或學有專精的學者。

由當事人各自推選而擔任的仲裁人，情理上，這名仲裁人的心證多少會偏袒，或較站在選任他的當事人這一邊，這種心態原本無可厚非，但如果不僅立場偏頗，作法上若是忘了自己負有客觀公正審理的職責時，就有違背仲裁人的職務與使命。

就有某仲裁案件，投資人和銀行進行仲裁時，銀行選任的仲裁人把自己當成銀行的仲裁代理人[9]，坐在仲裁人位子上卻不斷積極幫銀行辯護毫不避諱，儼然成為銀行委任的另一位仲裁代理人，忘了自己應該好好扮演公正客觀的仲裁者。

也有一些仲裁人一心只想勸導雙方當事人和解，根本不想瞭解案情始末，從仲裁第一庭開始到最後一庭，還搞不清楚雙方爭議有偽造情形的董事會議紀錄，到底是投資人的董事會議紀錄？還是銀行的董事會議紀錄？自始至終就是要雙方當事人各退讓一步。而對於仲裁庭審理案件這樣的風格與作法，或許法界早已習以為常，見怪不怪，但我認為應該不是作者當初建議自救會范主委向立委吳秉叡陳情，敦請當時金管會黃天牧副主委和銀行局邱淑貞副局長，協助促成投資人尋求仲裁解決紛爭最原始的初衷吧！

提到人民幣 TRF 爭議仲裁事件的審理，除了以上仲裁人立場極度偏

頹和打混仗的現象外，另外還遇到難以理解的仲裁奇案。

關於仲裁程序，提起仲裁的當事人要先繳交仲裁協會裁判費，一部分作為支付三位擔任仲裁人的報酬，一部分則作為仲裁協會行政、人事成本經費來源。有道是拿人錢財替人辦事，仲裁人理應完成當事人委託的任務，謹慎、公正、客觀的作成仲裁判斷，解決雙方當事人紛爭，這是仲裁人接受報酬應該完成的任務與使命。

然而作者配合前五大律師事務所知名律師，受某中小企業委託擔任仲裁代理人與某銀行進行仲裁時（下稱「Ａ案或該案」），該案三位仲裁人以無法判斷銀行 RM 是否確有偽造文書為由，故無法作成仲裁判斷。之後，三位仲裁人做出一個中間判斷：決定等投資人向台北地方法院檢察署對銀行行員提出的刑事告訴，經檢察官起訴或不起訴處分或經法院判決銀行行員行為是否有罪後，再回到仲裁庭進行仲裁 [10]。

仲裁庭如此處置，令雙方當事人和律師均難以接受，許多律師知道此事更是不解，仲裁協會既然無法完成當事人期望解決紛爭的付託，卻又不返還仲裁費，造成雙方當事人需重新透過民事訴訟程序並繳納裁判費，等於整個紛爭重新來過一次，到頭來還是得靠法院來解決，真是浪費雙方當事人寶貴的時間與金錢，仲裁協會這種不負責任的態度與作法，實在令人難以苟同，更有損仲裁協會威信。

2、民事法庭

由於仲裁協會無法對 A 案作成仲裁判斷，該案銀行便向某地方法院，

對投資人提起確認債權不存在之訴 **11**，投資人也依法對銀行提出反訴 **12**。我記得很清楚，本案在第一次開庭時候，承審法官的第一句話：「本件連有三位仲裁人組成的仲裁庭，都無法審理了，我一個法官有什麼辦法？」雖然法官說的這段話著實讓雙方當事人不知如何回應，但已可感受到承審法官審理這種衍生性金融商品交易爭議事件的無奈與消極態度。一方面也反映現行司法體系，部分法官在金融商品交易實務上的專業職能與經歷，確實不易掌握銀行辦理金融商品真實情形。因此，檢察官及法官審理金融商品爭議的能力確實受到相當大的考驗，實令當事人相當質疑。

不出所料，A 案在某地方法院民事法庭官司打了四年多，到現在還沒法有個定奪，主要原因在於：

1. 法官不容易瞭解 RM 辦理徵授信過程真實操作手法。

2. 法官不容易搞懂衍生性金融商品交易實務過程。

3. 關於選擇權交易，（買入選擇權的買方－銀行）到底該不該支付（賣出選擇權的賣方－投資人）權利金？這個問題屬於極度專業的財務工程領域，雖然經過雙方當事人各自邀請專業人士提出專業報告，但法官始終無法判讀並給出一個定論。

4. 本件資料龐雜已經堆積如山，法官根本無法也沒有時間詳細閱覽研議。

5. 銀行委任律師看準這些盲點，一貫的訴訟策略就是打混仗（講一些法官聽不懂。也不知道是真是假的銀行術語。或扯一些與本案無關的事情）、潑髒水（極盡詆毀汙衊投資人之能事，並以不同目的之交易混為一談，混淆視聽）**13**，遇到對自己不利的資料，就辯稱「有保密協議」。拒

絕提出。

可以預見，A案在某地方法院民事庭還會繼續「慢慢發展」一段時間，就看雙方當事人誰的財力夠，誰能撐得久。相較之下，銀行當然是財大氣粗，相關資源與人脈都比一般投資人來得雄厚與廣泛。

3、檢察機關

講到檢察官，就更是讓這位投資人心酸了，A案投資人的委任律師，具狀向台北地方法院檢察署對某銀行負責人、RM和理專提起刑事告訴，地檢署檢察官針對本案只傳喚告訴人到庭陳述不到四次，經過一年多的時間，突然間就對被告等為不起訴處分。

投資人對於檢察官就此重大爭議且複雜的刑事告訴案件，竟然如此草率結案，對被告等人不起訴處分，當然無法接受。投資人更換律師，對地方法院檢察署檢察官的不起訴處分聲請再議，經高等法院檢察署以原檢察官有諸多事實與證據未調查詳盡為由，發回地方法院檢察署續查。

發回續查後，地檢署檢察官從未曾傳喚過投資人（告訴人），大約半年後，就又逕行對被告等為不起訴處分，且這份不起訴處分書中，告訴代理人仍然登載投資人原先委任的律師。且續查後檢察官的不起訴處分書，對於原先高等檢察署發回續查的理由也並未完整交代，所述理由都是採信銀行片面之辭，並沒有讓告訴人有補充陳述的機會，就驟然為不起訴處分，A案在地檢署遇到的檢察官辦案神速草率之能力，真是令人嘆為觀止。

　　投資人對於續查後，檢察官再一次的草率辦案，既憤怒又無奈，律師也認爲不可思議，檢察官從未傳喚告訴人，就逕爲不起訴處分，而且不起訴處分書上的告訴代理人，還是照原來不起訴處分書拷貝貼上，這種檢察官的辦案品質，如何讓人民信服？

　　A 案的爭訟過程對投資人而言還眞是命運乖桀，對於發回續查後地檢署檢察官再度不起訴處分，投資人再委任律師提起再議聲請，結果竟然很快地遭到高等檢察署駁回，本案最終在檢察系統的闖關失敗。而對於地檢署處分和高檢署裁定，投資人完全無法接受，仍然再委請律師奮力一搏，向某地方法院提出交付審判的聲請。只是不出律師原先的評估和預測，交付審判空有制度卻很少有人能夠闖關成功 **14**，最終還是無功而返。

不被保障的金融孤兒，投資人何辜？

　　人民幣 TRF 的案例，許多投資人不管是在社會上、在地檢署或在法院，都經歷了種種誤解與刻板印象的對待，由此可知投資人想要透過法令面、主管機關金管會、法院或檢察機關，獲得公平對待、保障權利和找出真相的期望，恐怕得落空了。雖然這些都是投資人最基本且卑微的渴望，也是法治國家政府應該給予提供的，但從多數投資人在爭取權益尋求真相的道路上，遇到的各種光怪陸離的阻撓與不公平對待，看來投資人真的應該要認清一個現實：在台灣，投資人彷彿是不被保障的金融孤兒。

1、法令保障

　　由於，連動債爭議發生時尚無《金融消費者保護法》，部分法界人士認為，《消費者保護法》可適用。但亦有人認為，和銀行進行金融商品交易屬於投資，不是消費行為，所以不應該適用《消費者保護法》。

　　因此，金管會在民國 100 年頒布實施《金融消費者保護法》，以下稱《金保法》，作為規範金融業和保護金融消費者的法律依據。但若是被認定為投資行為時，即不在《金保法》保護範圍。至於如何區分金融消費者「一般客戶」和投資人「專業客戶」，則是以客戶的總資產是否超過一定金額作為區分標準 **15**。所以，資產總額超過當時法令規定之資產總額者即為投資人，與銀行交易金融商品就不受金保法的保護，而是適用其他相關金融法令，如 102 年、103 年時的〈銀行辦理衍生性金融商品業務應

注意事項〉（下簡稱「應注意事項」）和 105 年以後的〈銀行辦理衍生性金融商品業務內部作業制度及程序管理辦法」〉，以下稱〈管理辦法〉。

金融消費者和投資人適用法令不同，最大差別在於：金融消費者適用《金保法》，在《金保法》中規定許多事項舉證責任都在銀行 **16**，還規定銀行須負擔更多保障金融消費者的義務。而投資人適用的〈應注意事項〉或〈管理辦法〉，銀行應負擔義務相對較少，且舉證責任分配對投資人而言，也沒有《金保法》來得有利。

雖然〈應注意事項〉或〈管理辦法〉還是有規範一些為保障投資人，課以銀行應盡的義務。但實務上，銀行在盡其所謂法定義務時，都是為了形式上存證目的和應付主管機關，並不是真正為了讓投資人清楚知道相關文件內容意義（包括認識客戶作業（KYC）、認識商品作業（KYP）、董事會議記錄、商品特性和可能風險等文件之實質意涵，和這些文件內容對投資人權利義務上的影響）。

而且，銀行在徵提相關文件時，RM 實務操作上，多是讓投資人在空白文件上先簽名用印後，再由行員收回填寫內容，投資人根本無從知道銀行理專到底在文件上填寫了什麼？投資人也無從保留完整資料存證，日後一旦提起訴訟爭取權益時，重要文件缺東缺西，整個形勢就已居於下風。

2、金管會裁罰

金管會對銀行祭出的五波裁罰，通案性和概要性的指摘銀行辦理人民幣目標可贖回遠期契約（TRF）時，不當或不法銷售行為，許多投資人

認為可藉由金管會公告對銀行的行政處分書（裁罰書），作為仲裁或訴訟上的有利證據。

金管會對銀行指摘懲處的事實，都是金管會檢查局對銀行進行金融檢查，抽查銀行辦理金融商品時，徵提相關文件與交易事實，比對資料文件確認銀行行員不當及不法行為，作為行政處分之理由，但運用在具體個案時，為什麼就沒有一個刑事告訴案件構成犯罪？

即使刑事犯罪構成要件較為嚴苛，卻竟連民事求償獲得勝訴判決都是如此困難？眾多投資人透過民事訴訟程序向銀行求償，取得確定終局勝訴判決的案例，幾乎是零 [17]！本書歸納可能有以下幾項原因所致：

（1）金管會對銀行的行政處分書上，已先幫銀行預設防線：認定銀行僅為「行政作業」的「不當」和「疏失」。

（2）投資人訴訟時，聲請檢察官或法院向金管會索取相關金檢報告，金管會以各種理由搪塞，不願配合提供。

（3）各家銀行「不當」或「疏失」情形如出一轍（根本就是民營銀行結構性、系統性及一致性，有計畫的集體行為），或許金管會、司法及檢察機關擔心牽一髮而動全身，產生骨牌效應甚至動搖國本？

投資人不論在法令、交易實務和舉證責任分配上，和銀行相較都是居於相對劣勢的地位。裁罰書「只可遠觀，不可褻玩」，金管會又不願提供金檢報告作為投資人在司法訴訟上的有利證據。社會上（或許包含檢察官或法官）普遍存在「投資難免有風險及「願賭不服輸」」的刻板印象。因此，投資人「被欺騙」而投資失利時，真的只能自求多福！

銀行違法偷跑，司法機關敢辦嗎？

投資人在尋求各方協助與司法救濟都已絕望之際，作者與幾位知名律師，對於銀行辦理衍生性金融商品是否適用《期貨交易法》的問題，一直存有疑惑。但依照過往經驗，如果直接詢問主管機關，主管機關通常會以迂迴方式來回答，這些不著邊際的官式答案，將導致我們永遠得不到想要的明確答覆。

因此，我和蔡富強律師討論後，我們決定採用「分進合擊」，採「逐步挖掘」的方式來發函詢問主管機關，希望能夠挖掘到我們想要蒐集的資料和答案。

所謂「分進合擊」是指，由律師或某企業之名義發函，以同樣的問題詢問不同主管機關，如某律師發函詢問中央銀行，某企業則以同一問題詢問金管會，檢視中央銀行和金管會答覆的內容是否一致或互相矛盾。

所謂「逐步挖掘」則是指，不會直接詢問最終的答案，而是採取一個接著一個的進階式詢問，這種問法容易得到最終答案形成的邏輯，驗證我們心中的假設問題，導出結果的邏輯並推理歷程是否扎實；另一方面也可以避免打草驚蛇，讓主管機關有所防備。

在此特別一提，銀行辦理衍生性金融商品業務交易，是否適用《期貨交易法》這個問題的發想源自於財金法律學者郭土木教授 [18]，在仲裁協會與人民幣 TRF 投資人會談場合，曾質疑人民幣 TRF 這種衍生性金融商品業務，交給銀行辦理並由銀行局監督管理的適當性？

民國 110 年 7 月起，我和蔡富強律師合作發函，我們先後、分別以不

同名義，發函給掌管外匯事務的中央銀行及金融監管業務的金管會（銀行局）。

110 年 7 月 14 日，我們先透過林岱樺立法委員國會辦公室詢問金管會（銀行局）：人民幣 TRF 組合式商品，是否屬於《期貨交易法》所稱之期貨？銀行局於同年 8 月 4 日以銀局（外）字第 1100219468 號回函，簡單的說就是：「依照《期貨交易法》第 3 條第 1 項規定，人民幣 TRF 組合式商品屬於《期貨交易法》所稱的期貨交易 [19]。」

110 年 7 月 22 日，蔡富強律師函詢中央銀行：人民幣 TRF 組合式商品，是否屬於《期貨交易法》所稱期貨？中央銀行於同年 8 月 6 日以台央外柒字第 1100028820 號函回復：「人民幣 TRF，係數個人民幣匯率選擇權所組合之衍生性金融商品，應屬《期貨交易法》（下稱《期交法》）規範之期貨交易範圍。」

從上面銀行局和中央銀行回覆內容來看，人民幣 TRF 組合式商品確實屬於《期貨交易法》第 3 條第 1 項所稱「期貨交易範圍」，這是第一步確認。接著必須再就《期貨交易法》第 3 條第 2 項：「非在期貨交易所進行之期貨交易，基於金融、貨幣、外匯、公債等政策考量，得經主管機關於主管事項範圍內或中央銀行於掌理事項範圍內公告，不適用該法之規定。」進一步確認，銀行銷售人民幣 TRF 組合式商品，有沒有不適用《期貨交易法》的公告？也就是說，主管機關有沒有銀行辦理期貨交易排除適用《期貨交易法》的公告，以及公告內容為何？都攸關銀行銷售人民幣組合式商品有沒有違反《期貨交易法》的問題。關於銀行違反《期貨交易法》什麼規定，在此先賣個關子……讓我們一步步來拆解。

上述銀行局函復立法委員林岱樺，和中央銀行函復蔡富強律師的回函，兩份回函都提到相同的公告：「依中央銀行 86 年 5 月 24 日（86）台央外柒字第 0401216 號公告，自《期貨交易法》施行日起，中央銀行指定辦理外匯業務之銀行，經中央銀行同意在其營業處所經營之外幣與外幣間及新台幣與外幣間之各種期貨交易，不適用《期貨交易法》之規定。」

「又依財政部 86 年 6 月 1 日（86）台財證（五）字第 03240 號公告，在金融機構營業處所經營之期貨交易，不適用《期貨交易法》之規定。」

這兩份公告有一個共同的關鍵重點，銀行只有在「營業處所」經營各種期貨交易，才會被排除適用《期貨交易法》的規定。換句話說，如果銀行不是在營業處所交易人民幣 TRF 組合式商品，銀行的交易行為似乎就應該要受《期貨交易法》的規範。

接著，我又請蔡富強律師進一步發函詢問中央銀行：「所謂營業處所的定義？」中央銀行隨即於民國 110 年 11 月 16 日，以台央外柒字第 1100040858 號函覆蔡富強律師：「說明二、貴事務所函詢本行 86 年 5 月 24 日（86）台央外柒字第 0401216 號公告內容相關疑義，說明如下：（一）所稱『營業處所』一般係指經主管機關許可得經營業務之辦公場所。」

根據實務上銀行和投資人進行人民幣 TRF 組合式商品交易方式，不論是金管會或銀行公會和銀行本身，都說是「OTC 交易」，簡單的說就是「店頭市場交易」，而不是營業處所交易 20。綜合上述主管機關（中央銀行和金管會）回函和中央銀行的公告，以及實務上交易模式來看，人民幣組合式商品屬於期貨交易的一種，交易場所不在營業處所，而是屬於店頭市場交易（OTC）。因此，銀行和投資人進行人民幣 TRF 組合式商品，

並不排除適用《期貨交易法》。換句話說就是應該適用《期貨交易法》，以此規範銀行銷售人民幣 TRF 組合式商品的行為。

話說，為什麼作者和律師要花那麼大的精力來確認，銀行和投資人進行人民幣 TRF 組合式商品交易，是不是應該受到《期貨交易法》的規範？原因在於，依據《期貨交易法》第 108 條規定：「從事期貨交易，不得有對作、虛偽、詐欺、隱匿或其他足生期貨交易人或第三人誤信之行為。前項所稱對作，指下列之行為：一、場外沖銷。二、交叉交易。三、擅為交易相對人。四、配合交易。」

實務上，人民幣 TRF 組合式商品交易方式，就是由銀行與投資人進行「對作」而非交易當事人（即與投資人交易的相對人）。也就是說，銀行進行人民幣 TRF 交易的方式，恐怕真有違反《期貨交易法》第 108 條，不得對作規定之虞？

如果銀行真的違反不得擅自為交易相對人之規定，結果又會如何？依照《期貨交易法》第 112 條第 1 項規定：「違反第 106 條、第 107 條或第 108 條第 1 項之規定者，處三年以上，十年以下有期徒刑，得併科新台幣 1,000 萬以上，2 億元以下罰金。」看到這裡，投資人彷彿見到一線曙光！但是，中央銀行民國 110 年 11 月 16 日台央外柒字第 1100040858 號函的說明二（二），卻又讓案情急轉直下。

回函說明二（二）的內容：「至於實務上作業方式，係指指定銀行以交易相對人身分與客戶辦理業經本行許可之期貨交易，非屬在集中市場進行之公開撮合交易，一般歸類為『店頭市場』交易。」這段回函證實，實務上銀行銷售人民幣 TRF 交易模式，確屬「店頭市場」交易。然而「業

經本行許可的期貨交易」則進一步闡明，如果銀行經過中央銀行許可與投資人對作的期貨交易，即不是「擅為」交易相對人。換句話說，如果銀行與投資人對作的期貨交易，並沒有經過中央銀行許可，而違法銷售該項期貨商品與投資人對作，即是「擅為交易相對人」，則有違反《期貨交易法》第 108 條第 1 項規定之虞。依照《期貨交易法》第 112 條第 1 項規定，可處三年以上，十年以下有期徒刑，得併科新台幣 1,000 萬元以上，2 億元以下罰金。

我們先前已發函中央銀行查證到，人民幣組合式商品，在中央銀行公布開放外匯指定銀行辦理這項業務之前 [22]，就有民營銀行違法銷售，並與投資人進行對作，而為交易相對人，銀行這種行為恐怕已經構成「擅為交易相對人」，涉嫌違反《期貨交易法》第 108 條第 1 項的可能，但金管會和檢察機關似乎均視而不見。而知道這些相關法令、函令與公告的投資人到目前為止應該還是寥寥可數，故還未有實務判決驗證本書找尋的相關法令資料在套用到銀行違法偷跑行為時，是否確會構成《期貨交易法》第 112 條之犯罪？有待事實及時間的驗證。

註釋

1 參金管會中華民國 103.05.01 發文字號：金管銀控字第 10360002041 號函。

2 銀行一開始就設定高淨值且不懂衍生性金融商品的這群人作為銷售對象。中小企業主不像大企業大多聘有專業財經投資人才，但卻是高淨值收入的族群，正是誘導承作這種複雜性且高風險商品的最佳人選。

3 此為金管會 103.06.25 對安泰銀行裁罰開宗明義的內容，說明衍生性金融商品可為銀行獲取鉅大利益。

4 金管會長達四年多，總共五波的行政處分，共裁罰國內多家銀行新台幣 1 億 400 萬元，為國庫創造財源。但銀行因此項商品獲利上百億，當然不在乎金管會那些不痛不癢的行政裁罰。也因為金融監理效果不彰，造成 3,700 家中小企業（保守估計）受害，高達 3,000 億的損失，但據監察院調查，銀行至少大賺 130 億元。

5 當時的銀行局副局長呂蕙容表示，目前並未發現銀行幫 TRF 客戶偽造董事會紀錄，只有查核到銀行對辦理客戶董事會紀錄審查作業核實，不夠嚴謹，另外，還發現行員把繕打完的財報、填妥的財務報表傳給客戶。銀行局認為這些「服務過頭」的行為雖不是偽造文書，卻已使風險控制流於形式化（資料來源：〈工商時報〉／魏喬怡 2017.06.02）。

6 參監察院 103 年 3 月 7 日 107 財正 004 號。

7 本書認為若一種不誠實的行為會害人傾家蕩產，卻明知故犯，一再重複實施，造成更多人財產遭受巨大損失，這種行為沒有資格叫做「缺失」，而是「造孽」，而且已經達到故意使人陷於錯誤的程度。

8 在金融仲裁事件，就是由投資人選擇一名自己信任的仲裁人，銀行也選出一名自己信賴的仲裁人（有些銀行會贊助學者進行研究或演講，所以會有所謂銀行的御用學者或長期合作的御用律師），光是在這方面的人脈資源，投資人就遠不及銀行來得豐富。

9 一般是由當事人委任律師擔任，代表當事人在仲裁庭進行事實和法律上的攻防（依目前仲裁法規定，不排除可委任非律師擔任）。

10 依照《仲裁法》規定，仲裁庭需要在六個月內作成判斷（金融仲裁則規定為四個月），最多可以延長三個月。一般民事法庭會直接針對被告有無構成民事侵權行為直接認定，除非有特殊情形，並不會要求先經過刑事法庭認定被告有無構成刑事犯罪後，再認定有無民事侵權行為。仲裁庭要求先等待檢察官調查或刑事法院判決再作出仲裁判斷的決定，讓已繳付仲裁費的投資人感覺仲裁庭相當不負責任。

11 A 案在仲裁庭時，是投資人主張銀行債務不履行和侵權行為，銀行需要賠償投資人。所以銀行到民事法庭提起訴訟時，是主張銀行沒有債務不履行和侵權行為，投

資人對銀行主張的債權並不存在。

12 依據民事《訴訟法》第 259 條規定：「被告於言詞辯論終結前，得在本訴繫屬之法院，對於原告急救訴訟標的必須和一確定之人提起反訴」。簡單地說：「A 案銀行（原告）以投資人為被告，主張沒有欠投資人錢，投資人（反訴原告）可在同一個訴訟程序以銀行為反訴被告，主張銀行有欠投資人錢。」

13 某銀行一直將投資人先前投資的「避險」交易，與被理財專員誘導承作的「非避險」交易，混為一談，企圖誤導法官。

14 據統計，交付審判成功的比例大約 0.844%。

15 最初以資產總額新台幣 5,000 萬元為界線，超過者為投資人，不足者為金融消費者，如〈銀行辦理衍生性金融商品業務應注意事項〉。民國 105 修訂相關法令時，則改以新台幣 1 億元為分界認定標準，如〈銀行辦理衍生性金融商品業務內部作業制度及程序管理辦法〉。

16 參《金融消費者保護法》第 11 條。

17 直到 2022 年 7 月為止，似乎仍未有人民幣 TRF 投資人告銀行的民事求償事件，獲得確定終局勝訴判決。

18 郭土木教授曾任職金管會法律事務處處長。

19 「依《期貨交易法》第 3 條第 1 項規定，期貨交易係指依國內外期貨交易所或其他期貨市場之規則或實務，從事衍生自商品、貨幣、有價證券、利率、指數或其他利益之期貨契約、選擇權契約、期貨選擇權契約、槓桿保證金契約、交換契約或其他類型契約或其組合之交易，故期貨交易法所規範之期貨交易涵蓋國內、外集中交易市場與店頭市場之衍生性商品交易」。（資料來源：銀行局 110.08.04 銀局（外）字第 1100219468 號函）。

20 場外交易：OTC（Over-The-Counter）又稱店頭市場交易，是指不在正式交易所進行的交易，而是在交易所以外進行買賣的市場，其交易產品包括股票、外匯、期貨等。與交易所市場不同的是，場外交易沒有固定、集中的交易場所，通常需要經由經紀商網絡來處理買賣雙方的交易。與交易所的交易相比，場外交易受到的監管較少，風險也比較大。

21 關於人民幣 TRF 組合式商品的交易模式，有許多文章開宗明義將它定義為一種由銀行與投資人「對賭」的交易，甚至有銀行在仲裁和訴訟時，承認這是一種「對作」。然而由全國銀行組成的銀行公會，卻費盡心思拐彎抹角，為銀行和投資人的這項交易，解釋為不一定是零和遊戲的對作交易。但《期貨交易法》第 108 條第 1 項已明文定義：「銀行為交易相對人」或「場外沖銷」，就是一種「對作」。

22 中央銀行係於民國 102.09.14，始開放外匯指定銀行辦理人民幣組合式商品業務，但有若干民營銀行在此之前就已經偷跑銷售。

後記

　　「投資報酬」與「投資風險」應該是投資理財的兩大核心觀念，不可偏廢；而「投資人權益保障」則是政府提供投資環境最基本的要件。

　　「投資難免有風險」，這是傳統理專經常掛在嘴邊的一句話，寓意很深。既可提醒投資人小心理財，另外也是銀行的免責機制。

投資人權益沒保障，空談金融秩序與發展

　　坊間教人如何投資理財的書籍和文章不斷推陳出新，多如過江之鯽，表示在金融市場上確實有相當多人有汲取投資理財知識的需求和興趣，投資人也大多把心思放在如何操作獲利和計算投資報酬率上。

　　我們無從知悉有多少人因為擅長投資理財而致富，但從 2008 年到 2015 年，已有上萬投資人和數千家中小企業主，因為二十幾家銀行集體共通的違法與不當行為導致財務上遭受重大損失，甚至傾家蕩產夫妻失和，公司倒閉。

　　「投資報酬」與「投資風險」本該是投資理財的兩大核心觀念，不可偏廢；而「投資人權益保障」則是政府提供投資環境最基本的要件 [1]。否則就算金融商品再好，投資報酬率再高，投資風險再低，一旦投資交易遭到理專徇私舞弊或詐騙，投資人因而蒙受損失，卻又因為政府在金融監理和司法審理上沒有積極作為有效捍衛投資人權益，讓這種金融弊端一再發生，無異是政府縱容銀行詐賭造成的結果。

　　我們觀察，銀行辦理連動債和人民幣 TRF 組合式商品業務產生的爭議，都是有近二十家銀行在同一時期，以同樣手法、模式；不當或不法銷售，造成上萬客戶和數千中小企業重大財產損失。這兩次金融爭議顯然不是單一各別銀行的偶發事件，而是多家銀行集體利用資訊不對等的優勢，欺瞞與誤導客戶的行為所致，這種現象已經不能只稱之為爭議，而應該界定為一種「銀行集體作為的金融弊端」。但是，檢察與司法機關傳統思維上總是以每一個客戶都是單一受害者，都是和銀行交易的個案，完全忽略多家銀行各別對「眾多不同客戶」反覆使用同一系列不法或不當手段的共

通事實，而使每一次重大金融爭議（弊端），銀行高層和理專在刑事責任上幾乎都可以全身而退，讓每一次的金融爭議與弊端都無疾而終。司法檢察機關始終不能針對這種集體式的金融弊案，做出偵辦及審判對策，金管會又毫無防治與制裁銀行積極而有效的作為，無異間接促使並鼓勵銀行無需遵守法規，才會造成銀行高層和行員越來越膽大妄為。

傳統理財專員常掛在嘴邊的一句話就是「投資難免有風險」，這句話寓意很深，值得細細咀嚼，這一方面提醒投資人小心理財，另一方面也是銀行的免責機制[3]。本書綜合一些案例，歸納出在台灣投資人面臨的風險，不僅商品本身先天具有的風險外，更包括：銀行理專執行 KYC 登載不實風險、銀行理專不當與不法銷售風險、徵提客戶董事會議紀錄文件造假風險、提供不適合商品風險、資訊不對等風險、投資人利益（權利金）遭隱匿風險、銀行大到不能倒風險（為防止骨牌效應造成國內金融崩跌）、司法人員不諳金融交易實務審理草率風險[4]、「官銀相護」風險（立委吳秉叡先生就曾指稱：有些金管會官員退休後，就會有銀行聘為獨董或高階經理人，坐擁高薪，所以一些官員對銀行多所忌憚。前銀行局長詹庭禎離開銀行局後，就轉為擔任台灣金控董事長，2019 年又獲中信銀行聘為副董事長，這就是一個典型具體的例子）與投訴無門等風險。

相較於台灣政府對金融爭議處理的消極態度，以及部分檢察官及法官對銀行辦理金融商品業務的陌生，更像是金融門外漢一般，對於投資人保障毫無積極有效作為。反觀國際上其他國家，如韓國及波蘭政府，面對金融風暴的處理態度，就顯得積極深入有擔當許多。

韓國政府與法院在面對 KIKO 金融風暴的時候，為了保護國內中小企業的生存，提出具有擔當的解決方案，由政府及法院介入，全面提前終

止 KIKO 契約，即使引起國際爭議也在所不惜。而波蘭政府除了想辦法協助受災企業對銀行提起集體訴訟外，經濟部長甚至爲受災戶特別設立服務熱線 5。

金融市場禁不起人性考驗

2014 年上映的好萊塢電影《華爾街之狼》（The Wolf of Wall Street），描述華爾街金融市場從業人員，憑藉三寸不爛之舌，講著讓客戶永遠聽不懂的專業術語，騙取客戶信任投資，之後就有高額佣金入袋⋯⋯，玩著客戶的錢，輸光也不甘自己的事，成天就是過著紙醉金迷、物慾橫陳的日子。雖然這只是一部電影的劇情，但這或許也確實反映出部分金融人員的心態與日常吧（Vivien 某日到地檢署出庭時，就看到當初銷售 TRF 給她的理專祝美美手提名牌柏金包，心裡有感而發的說道：「哪個柏金包應該算是我投資的吧」！

我們理解，理專一方面有銀行高額獎金的誘惑，另一方面又必須承受巨大的業績壓力。可想而知，理專在面對客戶時，爲了達成績效並牟取高額獎金，從人性的角度，實在很難期待理專會把商品風險，老老實實地全部揭露給客戶知道並讓大家理解。而投資人這方面，又抵擋不了快速致富的誘惑，這本是人性弱點，而人性另一個特點就是懂得趨吉避凶。因此，理專抓住了投資人的人性與弱點，在與自己的利益壓力衝突下，天人交戰一番後，推銷金融商品時，就不禁誇大商品獲利，隱匿並弱化商品風險。

如上所言，基於人性趨吉避凶的特點與理專自身利益考量，「如果把風險都告訴客戶，還有誰敢買這種商品？業績要如何達成？」這是一位

理專，在客戶追問銷售當時為什麼不誠實告知風險，脫口而出的心裡話。

當然，可想而知：如果理專把所有可能的風險都一股腦兒的告訴客戶，真的會讓許多客戶望之卻步。但理專至少應該要做到商品優勢與可能風險之間，達到平衡報導的程度吧！至少讓客戶有一個資訊充分並且可以在自己完全理解且自由意志下做出選擇的機會吧！

金融交易公開透明，執行上很難嗎？

作者有機會全程近身觀察投資人維護權利的過程，深刻體認投資人得不到銀行給予應有的尊重與保障，也無法期待透過司法獲得公平審判與真相的無奈與辛酸，這正是激發我撰寫這本書的原因與動力。

雖然，金管會在這幾年確實因為銀行銷售人民幣 TRF 商品發生諸多弊端，進行多次修法。但是，「徒善不足以為政，徒法不能以自行」法律終究是死的。所謂「道高一尺，魔高一丈」、「上有政策，下有對策」。如果銀行高層想的都是獲利，罔顧投資人權益，即便有嚴密的法令規定，銀行還是會找出法律漏洞來欺瞞投資人，未來金融爭議還是會層出不窮，不斷發生。

反之若金管會只會修法，忽視與投資人權益有關的諸多事項，這樣依舊無法落實對銀行進行金融檢查的初衷；只作表面功夫，縱容銀行虛應故事的文書作業，長此以往，銀行業依然會繼續欺上瞞下，最後受害的仍是投資人。

近幾年作者因為人民幣 TRF 案件，深感慶幸有多次與現任金管會主

任委員黃天牧先生、現任金管會副主任委員邱淑貞女士以及銀行局其他主管接觸的機會，確實能感受到這些官員在處理這件爭議的用心與辛勞。但總認為金管會的官員還是太過偏聽銀行的報告與回復，過於相信銀行對金管會真的會如實報告。事實上，金管會理解的爭議發生緣由與銀行嗣後處理的手段，有許多事實依然被銀行蒙蔽在鼓裡呢。

在檢察與司法方面，我們期待檢察官和法官審理金融投資爭議時，能夠理解「金融商品交易」和「一般商品交易」兩者大為不同。金融商品類似一種「無形商品」，交易過程又是「資訊極度不對等」和「交易作業完全黑箱」的模式 [6]，若非真正具備財務工程與金融專業知識的投資人 [7]，根本就是站在資訊與專業絕對弱勢的地位，一旦盲目投資，就只能任由無良銀行宰割。Jeffery 是目前少數仍然堅持要一個真相與公道的企業主，其與銀行纏訟已近七年，雖然始終得不到主管機關展現魄力，積極協助，也得不到檢察機關認真調查，公平偵辦，但即便如此仍願意抱著最後一絲期待：盼望司法能給予公平、公正的審理與認真對待 [8]。

誠如上面所述，這種多家銀行在同一時期，針對同一商品，各銀行RM「基於銀行需求化一條龍式的產製客戶」和理專人員採取相同策略模式與相同不實話術，誘騙實際上不具交易特定商品資格客戶進行交易的金融商品交易爭議（弊案）。我們期待檢察與司法機關能夠參酌其他國家做法，主動積極介入調查，並以不同於傳統思維與辦案手法，積極完整調查銀行對其他客戶之作法是否均與承辦的個案如出一轍，以釐清銀行的真實作為。而不是只會質疑客戶有和其他幾家銀行承作就認定客戶責任，卻未持平對等的調查銀行是否有以同樣一條龍創造客戶，有無在其他客戶 KYC 和董事會議紀錄上動手腳，以及有無以一貫的欺瞞手法誘騙其他客戶？

作者有幸恭逢其時，得此機會發掘銀行辦理衍生性金融商品業務時的暗黑手法，可惜仍有許多交易上攸關投資人權益且應該揭露公開的資料（如平倉金額、權利金等），銀行業截至目前仍堅持秘而不宣，金管會、仲裁協會、檢察機關和法院等機構，亦不願介入調查或公開揭露真相。

本書出版的主要目的在於提供讀者「銀行理專不能說的秘密」，讓投資人懂得建立風險意識，了解KYC內容的真實和商品適合度的重要性，並提醒讀者目前的金融環境，金融商品資訊取得完全處於被動且不利的地位，期望今後不要再有人因為理財專員胡亂誘導，進而遭受無法承受的金錢損失。本書亦不想一竿子打翻一船人，書中因敘述提及到的RM、理專、銀行、檢察官、檢察事務官、法官、學者及仲裁人，都只是因協助投資人過程中近身觀察到的「現象」，在書中呈現出來供讀者參考而已。相信其他同樣工作者，都會是站在自己工作崗位上，本於良心道德盡忠職守的。

「獲利」與「風險」是衡量投資的兩端，「人性」與「利益」本就禁不起考驗，「公開透明」與「真實誠信」更是保障投資人權益最基本的要求。投資虧損對銀行、金管會和司法人員或許只是一串冷冰冰沒有生命的數字，但對投資人而言卻是已然失去的身家，相信經歷過慘痛投資經驗的人，應該體認最深。期待本書的出版對於投資人、銀行及從業人員、金管會、司法檢察機關與仲裁人員等，都能各自警惕，共同努力，一起杜絕金融交易弊端。

本書得以付梓出版，首要感謝張曉琳女士與知遠文化溫濟宇部長和財經傳訊方宗廉編輯長之引薦，方得與時報出版社林憶純主編結緣合作。另感謝台灣大學法律系鄭筑方同學與東吳大學法律系周謙同學，於課業繁忙之際協助校稿，在此一併致上最深謝意。

註釋

1. 社會上普遍存在投資難免有風險的觀念，因此只要發生投資爭議就會說投資人願賭不服輸，卻不願多加檢視銀行銷售金融商品時是否確實尊重並保障投資人應有的權利，如此一再縱容銀行苛責投資人的結果，讓台灣的金融交易秩序不斷受到戕害。

2. 在 M 公司與 SK 銀行的仲裁案，某知名金融法律學者接受銀行端選任，而擔任本案仲裁人之一，M 公司引用此學者書中「商品適合度原則」的見解，竟然不被接受，不知道是因為書中所寫的只是好看不實用？還是因為不敢得罪銀行，連自己書中的見解都不敢堅持捍衛，而成為縱容銀行無視法令與金融商品銷售準則的推手？

3. 不管理專在銷售商品時，是否確實盡到資訊充分揭露的義務，或是否落實執行 KYC 與提供適當商品，就算違法銷售或有不法行為造成客戶受到財物損害，銀行只要扣上「投資難免有風險」的大帽子，所有的不法與不當行為，在現行實務上和社會觀感上似乎都能被稀釋或原諒。

4. 有些衍生性金融商品爭議案件，續查後檢察官不傳喚告訴人就輕易對銀行不起訴處分，或是沒有邏輯只採信銀行理專的片面答辯或陳述，投資人陳述的事實檢察官則大多不予採信。有些法官則是主觀上已認定投資難免有風險是投資人願賭不服輸，或是以結果論，而忽略銀行理專不當或不法銷售的行為。

5. 資料來源：轉引自《TRF 金融災難未了》黃琴雅 著 /2020.12.18，IMF 曾示警的「金融毒品」，今在台灣仍熱賣。

6. 銀行辦理的衍生性金融商品交易，只有一份交易確認書和一堆制式的產品說明書和風險告知書，是否有真正在 OTC 交易，真實的交易內容與條件如何，投資人都無從查證，銀行也不會告知與揭露。

7. 對於專業投資人的認定標準，依據 107 年〈銀行辦理衍生性金融商品業務內部作業制度及程序管理辦法〉第 3 條第 1 項第 3 款（二）已要求：「經客戶授權辦理交易之人，須具備充分之金融商品專業知識與交易經驗，而不再只是具有一定資產總額即可。」

8. 這間公司對戰的某銀行，委任的律師事務所資源龐大來頭不小，某公司和該銀行的刑事自訴案承辦法官又曾任職該律師事務所，並與承辦律師有近 17 件訴訟的合作關係，由此看來，一般市井小民想要和銀行爭公道求真相，實非易事。

附錄 1 TRF 不當銷售樣態

項目類型	編號	具體爭點
		締約前
1. 專業投資人資格	1.1	銀行建議投資人虛設境外公司，規避金管會
	1.2	投資人本身資產未達專業投資人資格（境外外自然人戶資產不到台幣 3,000 萬）。
	1.3	銀行與投資人進行第一次 TRF ／ DKO 交易
2. 契約文件 – 董事會議記錄	2.1.1	銀行明知投資人並無實際召開該會議，於辦場簽章。
	2.1.2	銀行使用投資人印章，在投資人不知情下，
	2.1.3	董監事會議記錄日期與實際不符。
	2.1.4	簽章之投資人未獲得董事會完整授權。
	2.1.5	董事會未授權進行相關 TRF 之交易。
2. 契約文件 – 財務報表	2.2.1	銀行替投資人製作虛假財報，且投資人未簽
	2.2.2	銀行替投資人製作虛假財報，但經投資人簽
	2.2.3	投資人聽從銀行人員建議下製作虛假之財務
2. 契約文件 – 其他	2.3	銀行僅提供英文版本金融交易總約定書給投
	2.4	銀行僅提供英文版本之 ISDA 合約給投資人。
	2.5	銀行僅提供英文版本之風險預告書給投資人。
	2.6	銀行僅提供英文版本之產品說明書給投資人。
	2.7	銀行僅提供英文版本之交易確認書給投資人。

	程度
對一般自然人不能買賣複雜型衍生性金融商品之要求。	
戶資產不到台幣 5,000 萬，境外法人戶資產不到台幣 5,000 萬，境	
之前，投資人尚不具備投資衍生性金融商品知識與經驗。	
理對保時逕交銀行已編製好之制式董監事會議記錄，要求投資人當	
用印於銀行編製好之投資人董事會議記錄。	
名或蓋章確認。	
名或蓋章確認。	
報表。	
資人。	

3. 認識投資人 KYC 程序	3.1	銀行未做 KYC。
	3.2	銀行未詢問投資人或依據相關資料做成 KYC，
	3.3	KYC 所載內容與實際情況不符且未由投資人簽
3. 認識投資人 KYC 程序	3.4	銀行誘導投資人先在空白 KYC 表簽名或蓋章後
	3.5	KYC 填寫不完全。
	3.6	KYC 建立日期晚於投資人交易首次交易日期。
4. 商品適合度	4.1	銀行向中低風險屬性投資人販賣屬於複雜型高
5. 銀行交易額度核給	5.1	銀行違法洩漏個資給其他同業，其他銀行有機
	5.2	銀行授信融資額度綁定金融交易額度，但金融
	5.3	銀行授信融資額度綁定金融交易額度，融資額
	5.4	銀行僅以投資人信用為擔保便核發金融交易額
	5.5	銀行給予投資人之交易額度超過其公司淨值。
	5.6	銀行給予投資人之交易額度超過其公司外幣營
	5.7	銀行內部授信額度審核會議時，對上述 2.2.1 身份的一般人通過審查，取得投資額度。

僅由 RM 自行填寫完成，且未經過投資人簽名或蓋章確認。	
名或蓋章確認。	
，始由 RM 填載　容且與實際情況不符，但並未告知投資人填載內容。	
風險 TRF 商品。	
會不當推介、銷售及核給額度。	
交易額度遠高於授信額度，兩者額度不成比例。	
度為虛假額度。	
度。	
收（避險目的投資人）。	
～ 3 所提極其粗糙之造假財報未盡審核之責，讓不符合專業投資人	

	6.1	銀行未當面向投資人逐項解釋交易風險，僅
	6.2	銀行未告知投資人交易合約 MTM 計算方式。
	6.3	銀行未告知投資人會發生徵提保證金之可能
	6.4	銀行未告知投資人保證金不足時，徵補保證
	6.5	銀行未告知投資人如欲提前解約或終止契約
6.風險揭露	6.6	銀行未告知投資人簽約當下，該交易之 MTM
	6.7	銀行未要求投資人於每筆合約最大可能損失
	6.8	銀行僅制式要求投資人照銀行提供之樣板文易所涉及之任何風險進行說明。
	6.9	銀行將 TRF / DKO 包裝成穩健獲利型產品。
	6.10	銀行銷售人員告知投資人相關 TRF / DKO
	7.1	交易合約非由投資人董事會授權之人簽名或
	7.2	銀行於交易完成後才寄送風險預告書及產品
	7.3	銀行銷售 TRF 人員，不具金管會要求之資格。
	7.4	銀行所核給之交易額度項目與投資人之實際
7.銀行銷售過程違反金管會相關規定	7.5	投資人所動用之額度超過銀行實際核給之額
	7.6	銀行設定之交易風險權數過低，導致投資人
	7.7	銀行風險內控允許投資人之 TRF / DKO 金波動時造成投資人所無法負擔之交易損失）。
	7.8	銀行風險內控允許投資人交易額度使用比例進而導致投資人被追繳保證金。

將風險預告當成制式文件給投資人簽署。	
狀況。	
金之計算方式。	
時，其相關成本及計算方式。	
金額即為負數。	
金額處簽名，以提高投資人之風險意識。	
字謄寫該投資人瞭解所有交易風險，但銀行實際並未指派專人對交	
商品於固定時間（如 3 ～ 4 個月）後即可出場，但實際並非如此。	
蓋章。	
說明書給投資人。	
交易項目不符合（如核給避險額度，但讓投資人從事非避險交易）。	
度（即銀行未盡風險控管之責， 獲利而允許投資人過度曝險）。	
可交易之合約規模過大。	
融交易風險過度集中（於同一種幣別及同一個波動方向）導致匯率	
過高，導致市場任何波動便造成投資人之交割前風險額度超出限額，	

	履

8. 平倉處理	8.1	銀行在投資人未違約交割情況下，未經投資人承受。
	8.2	銀行應付金管會降低 TRF 名目本金要求，相對高點平倉。
	8.3	銀行向投資人追繳超額之保證金，致使投資
9. 損失遞延	9.1	銀行在投資人現有部位損失後，違反金管會收取權利金來給付銀行相關損失，造成投資
	9.2	銀行在未增提擔保品情況下，逕自增加投資
10. 其他	10.1	銀行與投資人發生 TRF 爭議後，在投資人未本業經營停頓或倒閉。
	10.2	銀行逕自提高匯率風險權數，導致投資人交其他銀行進行本業所需之正常借貸，投資人
10. 其他	10.3	銀行不當扣押投資人保證金，導致投資人資
	10.4	銀行於交易完成後才要求投資人補簽相關交

里	
人同意，片面對投資人交易部位強制平倉，並將平倉成本強行由投	
在投資人資訊不對等情況下，威脅要求投資人平倉，導致投資人於	
人無力繳交而被強迫平倉。	
有關禁止遞延損失交易之規定，建議或要求投資人簽訂新的合約以 人曝險部位越來越高。	
人交易額度，以進行遞延損失之交易。	
違約情況下，限縮投資人與銀行間其他授信融資額度，導致投資人	
割前風險額度暴增，進而影響投資人之聯徵資料，使投資人無法與 本業經營因此停頓或倒閉。	
金運轉出現困難。	
易文件（如董事會議記錄，專業投資人聲明書等）。	

附錄 2 風險預告書

風險預告書

安泰商業銀行股份有限公司（以下簡稱「安泰銀行」）茲告知與安泰銀行或透過安泰銀行從事財務及金融衍生性商品交易之客戶，必須明瞭有關從事該等交易涉及之風險，尤其是揭露於本風險預告書中之風險及警告。此份風險預告書的目的乃在於您從事任何財務及金融衍生性商品交易之前，簡要地說明該等交易之本質。尤其是，您必須了解從事金融、有價證券與金融衍生性商品交易或契約相關連之損失風險可能極大。

本風險預告書並無法完全揭露個別交易之所有風險及其他重要事項，亦無法揭露或探討個別交易之各種風險或其他重要層面。因此，在進行任何特定之交易前，您應詳細研究該項交易並應與您的獨立會計、律師、稅務及財務顧問等專家諮商。基於您的經驗、財務狀況、業務經營及投資目標來判斷個別交易是否適宜極為重要，且您應明瞭該判斷應完全由您自行負責。

此外，本風險預告書之內容並不等同於您與安泰銀行目前進行交易之內容，亦不代表安泰銀行目前提供之產品項目，應依您與安泰銀行間實際上進行之交易而予以適用。在考慮是否進行個別交易時，您應明瞭下列事項：

1. 有價證券交易之風險

有價證券之價格可能經常變動，有時可能變動極大。任何一支有價證券之價格均可能有上升或下跌變動，並可能變成無任何價值。有價證券

交易存在遭受虧損而可能無法獲利之風險。有價證券之過去績效，並不一定是其未來績效之指標。

2. 外匯交易之風險

從事外匯買賣交易發生損失之風險可能很大。您可能遭受比您的期初保證金金額更大之損失。在簽訂外匯交易契約前，您應仔細研究外國交易市場；必要時，您應徵詢獨立的財務顧問之建議。若您被要求為任何外匯交易契約提供保證金，您可能遭受該保證金之全額損失以及您為建立或維持外匯交易部位所增補存入安泰銀行之額外保證金或擔保品。在某些市場情況下，您可能會發生極困難甚或無法結清您的部位，且外匯交易契約之高度槓桿操作可能會對您有利或使您受損，而產生鉅額損失或獲利。但您須負責補足您因該損失而於安泰銀行帳戶中任何不足之金額。

3. 衍生性商品交易之風險

（1）期貨交易之風險：

期貨交易具有極大之風險。在期貨交易中進行高度槓桿交易，將因市場情況變動而使您獲利或受損。期貨交易會因微小之市場變動產生鉅大之利得或損失。安泰銀行希望向您說明在某些情況下，雖然期初之保證金相較於交易金額而言數額很小，但市場的一個小變動可能會對您存在安泰銀行的保證金金額產生比例上較大之影響。換言之，這可能使您獲利或受損。

若市場走勢不利於您，您的損失可能會超過您期初繳存之保證金及您增提存入安泰銀行以維持部位的資金，您可能還會對安泰銀行產生進一步的債務或承受額外的損失。您可能於接獲通知後必須在極短的時間內增

提鉅額的保證金以維持您的部位，否則安泰銀行將必須結清您的部位進而產生損失，且您須承擔因此所生之所有損失。若該數額仍不足清償您對安泰銀行所負之債務，就差額部分您仍需負責向安泰銀行清償。因此，您不宜進行任何超過您資力之交易。

即使是附加條件之訂單（例如「停損」或「限價」訂單），也不一定能將您的損失控制在您希望的範圍內，因為某些市場狀況下，該等訂單可能無法執行。

（2）選擇權交易之風險：

選擇權交易涉及高度的風險，一般人不適宜從事選擇權交易。該等交易僅適合已閱讀、了解且熟稔選擇權型態、行使方式、權利義務之性質及範圍與相關風險之投資人。選擇權之出賣人及買受人應熟悉其欲購買選擇權之型態及相關風險。您應於考量所需支付之權利金及所有交易成本後，計算選擇權交易之價值所須增加之程度，才能使您就該選擇權之獲利。安泰銀行謹提醒您注意，行使選擇權的結果若非以現金交割，即為依約履行實體交付。

除非有能力承受損失權利金之金額損失及購買該選擇權之交易成本外，客戶不宜購買任何選擇權。在某些不利的市場情況下，當市場走勢不利某選擇權部位時，該所購得之選擇權將毫無價值地失效。在這種情況下，客戶將遭受的投資損失包括選擇權權利金以及交易成本。購買選擇權之投資人應了解，欲從選擇權實現任何價值，必須平倉或行使該選擇權。選擇權之購買者應了解，有些選擇權所連結之標的契約僅能於特定期限內行使該選擇權，而其他選擇權所連結之標的契約僅能於特定或約定之日期行使選擇權。

　　一般而言，賣出一選擇權所生之風險可能比買入一選擇權來得大。重要的是，您必須了解，做為選擇權賣方的您所可能面臨的風險。當買方行使權利時，您有義務以現金交割，或依約履約行實體交割。當一個選擇權被其所連結之標的契約或其他選擇權的對應部位「沖銷」時，該風險可能減少。相反地，若選擇權未被沖銷，則可能蒙受無上限的鉅額損失。

　　欲進行選擇權交易的客戶須謹慎計算選擇權所連結之標的契約的價格須達多少金額，該選擇權部位才能獲利。該價格將包含須高於或低於該標的契約履約價格之金額，以彌補權利金以及行使或結算選擇權部位所產生之所有其他成本。

（3）利率交換交易之風險：

　　利率交換係指當事人約定，依其交易條件及利率指標，於未來特定周期就不同計息方式之現金收付定期結算差價之契約。在該衍生性金融商品交易契約中，雙方約定在特定期間內，每隔一段期間依約定之固定或浮動型態利率交換並互付對方一次利息，其交換之一連串利息金額係依契約約定之名目本金計算。另該契約並不交換名目本金，僅就各付息週期屆至時結算兩交換利息之淨額辦理交割支付。利率交換交易之風險有 1. 利率風險：客戶承做利率交換交易後，因市場利率上升或是下跌，導致客戶所承做的契約產生損益變化的風險。2. 信用風險：利率交換之信用風險，主要指交易對手對於現在或未來之現金流量無法履行交割義務之風險，該項風險之大小除取決於契約損益金額的大小外，交易對手的履約能力也為影響該風險之重要因素，建議客戶在承做交易前，應慎選利率交換交易商，以降低交易對手之信用風險。

（4）遠期外匯交易之風險：

　　遠期外匯交易與在交易所交易之期貨契約在經濟上之性質相近。惟與在交易所交易之期貨契約不同之處在於遠期交易之價格、條件及特徵係個別協議，故無集中之價格資訊來源，且交易並非經由結算機構結算。於遠期契約定義之結算日，您必須支付實體外幣或以現金結算差價方式向安泰銀行給付或由安泰銀行向您給付（視個別契約條款而定）。現金結算差價之金額大小繫於您所有的部位及自您所有之部位建立後之市場變動。除非您擁有遠期契約所擬避險之基礎貨幣部位，您將必須承受市場價格變動之風險。

（5）結構型商品交易之風險：

　　結構型商品並非一般傳統債券或一般傳統存款，而係一般債券、定期存款或具固定收益之相關金融產品加上衍生性金融商品或連接其他標的的組合。結構型商品可連結之標的眾多，包括匯率、利率、股票價格、有價證券、指數、信用、商品或其他利益及其組合所衍生之交易契約。因此，進行結構型商品交易時，應注意下列風險警語：

　　a. 結構型商品係複雜金融商品，必須經過專人解說後再進行投資。您如果無法充分理解本商品，請勿投資。

　　b. 構型商品並非一般傳統存款，而係一項投資，投資不受存款保險之保障，其投資盈虧端視連結標的或相關指數之價格波動、連結標的之績效，或約定信用事件之發生與否。

　　c. 您投資前應詳閱產品說明書及風險預告書，並應自行了解判斷並自負盈虧。

　　d. 構型商係投資型商品，您應自行負擔本商品之市場風險及安泰銀

行之信用風險。

e. 結構型商品依商品設計或約定條件不同,您所暴露之風險程度可能不同,如為現金交割,可能發生部分或全部利息、本金減損或其他損失之風險;如為實物交割(即非現金交割),則可能發生本金將轉換成事前約定之資產(即標的資產)之情事,及可能必須承擔安泰銀行及標的資產發行人之信用風險。

f. 未清楚瞭解產品說明書、契約條款及所有文件內容前,請必於相關文件簽名或蓋章。

g. 結構型商品契約,如約定不得提前終止,但在契約存續期間內,您要求提前終止時,您應負擔因提前終止契約所發生之全部成本、費用或違約金、及可能無法收回存款全部本金之風險;但提前終止契約之原因,符合商品契約之約定者,不在此限。因此,安泰銀行提醒您必須考量其資產之流動性風險及提前終止結構型商品契約之再投資風險。

h. 如您提前終止結構型商品契約,將導致您可領回金額低於原始投資金額(在最壞情形下,領回金額甚至可能為零),或者根本無法進行提前終止。

i. 結構型商品最大可能損失為全部投資本金。

j. 影響衍生性金融商品價品價格變動之因素極為複雜,安泰銀行所揭露之風險預告事項係各項因素之摘要,對於交易風險與影響市場行情的因素或許無法詳盡描述,因此安泰銀行提醒您於交易前仍應充分瞭解結構型商品之性質,及相關之財務、會計、稅制或法律等事宜,自行審度本身財務狀況及風險承受度,始決定是否進行投資。

k. 安泰銀行所提供之商品說明之條件、內容不表示為任何要約或要約之引誘。商品詳細內容及相關權益,悉依安泰銀行與您簽訂之交易契約等相關文件為準。

結構型商品所連結衍生性商品之風險,請參考本風險預告書之「其他風險」部分。

某些結構型商品交易會涉及出售選擇權于安泰銀行,而該選擇權將以您的投資做為擔保。在這種情形下,安泰銀行將會支付您較高的收益做為權利金。然而您應注意,該選擇權仍然有如上所述與選擇權相關之所有風險。此外,若安泰銀行對您行使選擇權,則您的投資將抵充您對安泰銀行之所有債務。在此情形下,您在該交易之收益將會是安泰銀行行使選擇權後給付您的貨幣。其價值可能較您原始投資金額為低(依實際情況而定)。

(6) 商品風險:

與商品有關契約價值之波動,包含農產品、能源及金屬商品等。其中以能源商品有較大之波動,原因是能源商品較少,需求量較大,波動易受到供需之影響。

(7) 可轉換公司債資產交換交易之風險:

可轉換公司債資產交換交易除可能為您提供高收益外,亦將涉及投資風險,其選擇權端交易難有機會以有限成本獲致極大收益,但亦可能在短期內蒙受全額損失。您於進行本商品交易前,應確實瞭解可轉換公司債資產交換交易之性質、與發行公司履約能力有關之財務及信用狀況、簽訂相關契約所生之法律關係以及交易後可能產生之風險,並衡量該等風險是

否為您所能承受。安泰銀行茲揭露資產交換商品交易所涉風險如下：

a. 可轉換公司債資產交換固定收益端交易

（a）資產交換商品依商品設計或條件之不同，可能會造成利息損失，您於交易前應審慎評估。

（b）投資人自身資金之流動性風險及提前終止交易之再投資風險。

（c）投資於可轉換公司債資產交換交易應承擔標的資產發行公司之信用風險。

（d）本商品交易未經本行同意時，於約定到期日前，原則上不得解約或提領。倘您擬提前終止交易，並經本行同意時，您將負擔因提前終止交易所生之全部成本、費用或違約金，本行得逕行要求您支付前揭成本、費用及違約金，您將可能無法收回該期本行所支付之利息。

b. 可轉換公司債資產交換選擇權端交易

（a）基於可轉換公司債選擇權特性，係以對特定轉換公司債之買賣權利作為交易標的，故該選擇權於契約存續期間皆與其該特定可轉換公司債之價格互動。您為可轉換公司債選擇權持有人，故應承擔可轉換公司債之價格波動風險，您在進行此筆交易前應詳細瞭解可轉換公司債之價格波動風險，若可轉換公司債價格波動過大，您將可蒙受全額損失。

（b）般情況下，若可轉換公司債選擇權屆期且無履約價值，該選擇權即無任何價值；另如該選擇權尚有履約價值，若立約人未於期限內提出申請，該選擇權亦視同無價值可言。

（c）本行所提供之可轉換公司債資產交換交易總約定書、產品說明書並非為任何之要約或要約之引誘，商品之內容、交易條

款及相關權益，悉依您與本行簽訂之交易契約及其相關文件為準。

4. 人民幣衍生性金融商品

當您與本行承作涉及人民幣衍生性金融商品時，除前述因辦理衍生性金融商品而面臨之連結標的風險及各類次要風險項目外，由於目前人民幣仍須受我國及大陸地區相關法規的限制，您承作本項業務可能包含以下風險：

（1）您應充分瞭解涉及人民幣衍生性金融商品會受市場以外因素，影響交易之風險及評價結果。

　　a. 涉及人民幣衍生性金融商品，除受一般市場變動因素影響外，尚會受到大陸地區或其地區法令或政策變更，或因人民幣清算服務限制，影響人民幣資金在市場的供需，進而導致匯率、利率或其他相關連結標的波動幅度可能較大，可能影響交易之損益及市場評估。

　　b. 您從事人民幣相關交易，可能因人民幣清算服務限制，或非公開市場交易或特殊情況發生，影響人民幣之可取得性、可流動性及可轉讓性，進而造成交易風險或評價損失擴大。

（2）您應充分瞭解人民幣結購／售或結算交割將受到相關規定規範及限制：

　　a. 人民幣結購與結售限額應依相關外匯業務規定辦理，與其外幣可能不同，您因承作衍生性金融商品而有收付人民幣情形時，應注

意結購與結售人民幣之限額、時程及相關程序。

b. 您原持有之人民幣資產、負債,或因交易而產生之收付義務,均可能因法令或政策之變更,或因人民幣清算服務限制,導致影響人民幣資金在市場的供需,進而影響相關交易之結算交割,雖本行對原已受理之人民幣案件後續作業,仍盡力尋求其他解決管道及方式,但必要時仍有依當時市場匯率改以其他幣別結算交割之可能。

(3) 您應充分瞭解人民幣匯率及其他價格可能適用不同市場之連結標的,而影響交易之結算交割及市價評估結果。

a. 人民幣匯率目前有大陸地區境內人民幣匯率及大陸地區境外人民幣匯率,大陸地區境外人民幣匯率亦可能有多種匯率指標,各有其交易市場。不同匯率指標可能衍生適用不同之利率或其他相關連結標的。前述指標可能因市場流動性及其他因素而彼此趨近或偏離,其衍生適用之連結標的價格亦因此受影響。不同匯率或連結標的衍生性金融商品,結算交割及市價評估之依據亦有不同,各自按其契約約定內容為之。您於從事交易前應充分瞭解該交易所適用之匯率、利率及相關連結標的價格,並自行評估其衍生之交易風險及損失。

5. 其他風險

(1) 最低收益風險:

若投資期間內之操作績效不佳且超過原先預期,您可能拿不到全部利息,以致您於到期日時僅收到發行機構所保證利息及本金之一部分。

（2）交易提前終止風險：

　　當安泰銀行／資產標的發行機構與您約定不得提前終止結構型商品時，若您於契約存續期間仍決定提前終止交易者，您可能將負擔因提前終止契約所發生之全部成本、費用或違約金及可能無法收回本金金額之風險。此外，於結構型商品未發生違約之情形下，您提前終止交易必須以申請終止當時之每單位市場報價贖回，則可能導致本金金額之損失。因此，當市場價格下跌，而您又選擇提前終止時，您會遭受損失，請留意契約終止後，未到期交易之付款義務亦須折算為淨現值一併計算於應給付之金額中。

（3）利率風險：

　　衍生性商品自發行交割後至存續期間屆至之日起之期間內之市場價格，將受發行幣別利率變動所影響。當該幣別利率變動時，衍生性商品之市場價格有可能下降並低於票面價格，而導致原始投資金額之損失。

（4）交易相對人（信用）風險：

　　請確定您已了解交易學（或可能進行相對交易）之相對人身分。您經常會購買到該交易相對人之無擔保債務（不同於在交易所進行交易之期貨及選擇權交易之集中結算公司所負義務），故您應評估交易相對人之信用風險。而「信用風險」之評估，端視您就該商品發行或保證機構之信用評等之評估。

　　若您購買的是債券（例如 note 或 bono），您應明瞭您將承擔交易相對人及債券發行人二者之信用風險。

　　若您的交易相對人是安泰銀行，您必須注意，安泰銀行係以非利害

關係人之一般人身份與您進行交易。安泰銀行並非您的受託人，亦不對您負有任何受託義務，亦即保本保息等保證係由資產標的發行或保證機構所承諾，而非安泰銀行的承諾或保證。您與安泰銀行所進行之任何交易，可能使您發生損失而使安泰銀行產生利得。除安泰銀行於相關契約中明示之聲明，以及安泰銀行以交易相對人身份與您協商後所簽署的確認書外，安泰銀行不曾也不會給您任何口頭或書面之建議。

安泰銀行收取之交易成本（如佣金、手續費及其他費用）將影響您從事交易之淨利。這些成本應列入您的風險評估考量。

當您的交易相對人是安泰銀行時，您必須注意交易的同時需承擔安泰銀行的信用風險，您應當就安泰銀行的信用評等或其他相關資料，評估安泰銀行是否有在到期日無法履行應盡義務之風險，或如該等交易載明可提前解約，而您提出提前解約要求時，安泰銀行無法履行應盡義務之風險。

（5）事件風險：

如遇衍生性商品發行人發生重大事件，有可能導致該債券之信用評等遭調降。

（6）國家風險：

衍生性金融商品發行或保證機構之註冊國如發生戰亂等不可抗力之事件，可能會導致您之損失。

（7）交割風險：

衍生性商品之發行或保證機構如有下列情形，則將導致暫停交割或

遲延交割：

　　a. 其擬進行交割之日為註冊國、相關交易所所在國或交割清算機構所在國之例假日；b. 緊急事件發生於該發行或保證機構、相關交易所或交割清算機構，致影響其營運；或（c）相關交易所或交割清算機構變更其交割規定。

（8）提前到期風險：

　　衍生性商品之發行條款中，若允許安泰銀行／發行機構得行使提前結束該商品（提前到期）之權利，將縮短原約定之投資期限。

（9）再投資風險：

　　發行機構若得行使提前買回衍生性商品之權利，您將於到期日前提前取回資金。您未必能將取回資金立即投資於其他金融商品，或利用該取回資金所投資的金融商品可能產生損失，或無法達到與該衍生性商品相同之預期獲利。您可能因此產生前述再投資風險。

（10）通貨膨脹風險：

　　通貨膨脹將導致衍生性商品之實質收益下降。

（11）信用事件風險：

　　若為信用衍生性商品，另有以下的信用事件風險：

　　　a. 無法履行債務的風險（Fail to Pay）

　　　b. 破產風險（Bankruptcy）

　　　c. 重整（Restructuring）

前項有關信用事件之定義，悉依「國際交換交易暨衍生性商品協會」（ISDA；International Swap and Derivatives Association）對於信用事件之定義確認。

在連結標的的發生無法履行債務、破產或重整的情形時，您原投資金額或本金可能蒙受重大損失。即使您取得信用連結標的之公司股票或債權憑證，其債之行使，可能受限當地國法令，而僅能取回部分金額或甚至無法取回原投資金額或本金。

（12）本金轉換風險：

根據衍生性商品之條款約定，您投入之本金經常會轉換為其他財產後返還給您。其依約定之轉換比率或條件執行轉換之結果，因相關市場轉換價格之持續變動，可能將使您於取回轉換後之財產時，遭受實質之損失

（13）稅賦風險：

在進行任何衍生性商品交易前，您應了解其可能涉及之稅賦，例如所得稅。不同的衍生性商品交易可能適用不同的稅賦。衍生性商品交易之稅賦，將視您業務活動及該交易本身之性質而定。因此，您應諮詢您的稅務顧問以了解相關的稅務考量。

（14）匯兌風險：

匯率的變動對以外幣計價或與非原始金融投資幣別計價之財務或金融衍生性商品交易之損益與金融投資均有所影響，而若您日常營運或往來帳戶所使用之幣別不同於原交易所用之貨幣時，匯率的變動對您亦有影響。

（15）鎖單風險：

　　鎖單係指於持有未結清之外匯交易契約（部位）情況下，您另行反向承作一幣別及交易契約金額皆相同之外匯交易。縱使您已對未結清之外匯交易部位進行鎖單，您持有所有未結清之外匯交易仍有利息支出。以保證金進行外匯交易為利用槓桿原理放大倍數承作。若您對未結清的外匯交易進行鎖單時，則您的外匯交易部位視為「零」。例如：您以繳交之保證金放大倍數承作 100 萬美元以外之外匯交易契約，並另外承作 100 萬美元之鎖單交易，則您帳上外匯交易部位為「零」，但實際外匯交易卻有 200 萬美元之部位承受匯率變動之風險。當外匯市場價格變動時，將有極大之風險；當您結清獲利之部位時，另一反向部位會立即暴露在匯兌風險中。價格變動時，保證金與交易契約總金額之比率可能會降至 2% 以下（低於此 2% 之比例，即達到「銀行立即結算損失」之標準，俗稱「斷頭」）。因此您的損失可能不限於已繳交之保證金，且可能發生額外的損失。您即使承作部位相反之鎖單交易，並未免險風險，而仍有匯率或利率風險存在。

（16）市場風險：

　　您在個別交易下之付款或收入，將與該交易相連結之特定金融市場的變化有關。您可能因該市場之價格變動而受影響。若市場走勢與您所持有的部位相反時，您可能在相關契約、交易、商品或金融投資上蒙受鉅大損失。為您的利益著想，您應徹底瞭解市場走勢變動之影響，特別是相關利率或匯率上漲或下跌時，對您的損益可能造成之影響，以及當市場走勢不利於您，您必須結算所持部位時所可能造成之損失程度。當您所持部位結算時，其結果可能為損失，您必須負責補足您因該損失而在安泰銀行帳

戶中任何不足之金額。

在某些市場狀況下，您可能發現極困難或甚至無法結算某部位、評估合理價格、或評估曝險程度。發生這種狀況可能是該交易市場流動性不佳，或該市場電子或通訊系統中斷或其他不可抗力之情形。

因為櫃檯交易之價格及特色在於個別協議及撮合，且無集中來源可獲得參考價格，所以交易之定價常常不能反映有效之市場價格，安泰銀行因此不能亦不擔保安泰銀行提供之價格（或安泰銀行取得之價格）是您可獲得之最佳價格。不論該交易結果對您是否有利，安泰銀行可能會從與您的交易中產生利得。

（17）契約條款風險：

您應確實瞭解您應遵守之財務及金融衍生性商品交易之條款，包括但不限於：

a. 與價格、期間、到期日、行使選擇權之限制有關之條款，及其他與該交易有關之重要條款；

b. 任何敘述風險因素（例如變動性、流動性等）之條款；及

c. 您可能必須支付（或收受）期貨契約或槓桿外匯交易下之相關利息之情形。

您應詳閱所有您將與安泰銀行簽訂之契約、合約或確認書之條款。您必須充分瞭解您在該等契約、合約或確認書下之權利及義務。

（18）流動性風險：

一般交易通常須經相對人同意方能讓與或轉讓。安泰銀行並無向您買回任何交易之義務。因為交易都是依客戶需求量身定作而不具流通性或

替代性，故若您與第三人交易以沖銷您與安泰銀行的交易，您與安泰銀行交易的部位並不會自動平倉（雖在透過市場所進行交易之期貨及選擇權時會自動平倉），故並不一定是完美的避險操作。在某些市場情況下，將極困難甚或無法結清您的部位，或評估特定交易之價值、決定該交易之合理價格或評估其風險。安泰銀行並不擔保隨時會有處分交易之市場存在。因此，有關安泰銀行提供給您的交易價格評估，除安泰銀行另行同意外，您應了解安泰銀行並不承諾能依該評估之金額執行或結算任何交易。此外，不論該等交易是否作為安泰銀行之擔保品或其他情形，安泰銀行於任何時間皆無買回任何交易之義務。

（19）法律風險：

在某些情況下，若衍生性金融商品相關合約失效或不具拘束力（如文件不完備、交易對手未被授權簽署合約、遭法院判定為非法交易、在交易對手破產後無法獲得完全之補償等），您可能無法依據合約要求安泰銀行履行義務。

6. 您在未完全瞭解下述事項前，不應從事任何交易：

（1）該等交易之性質及基本事項，與進行該等交易之市場情形。

（2）該等交易有關文件之法律條款。

（3）因進行該等交易您所涉及經濟上風險之程度（並於衡量您在該特定交易上之經驗與您的財務目標、情況及資源等因素後，自行決定您能否適合承受該風險）。

（4）該等交易所涉及之所得稅稅賦（該等稅賦可能極複雜）；以及

（5）該等交易適用之法令規範。

　　您應詳閱所有您將與安泰銀行簽訂之契約、合約或確認書之條款。您必須完全瞭解您在該等契約、合約或確認書下之權利及義務。

　　安泰銀行強烈建議您審閱任何交易所涉及風險之所有資料（包括安泰銀行所提供者，以及您徵詢獨立專家之意見所獲得者）。

識財經 41
銀行理專不能說的秘密

作　　者─周冠中
視覺設計─徐思文
主　　編─林憶純
企劃行銷─蔡雨庭

第五編輯部總監─梁芳春
董 事 長─趙政岷
出 版 者─時報文化出版企業股份有限公司
　　　　　108019 台北市和平西路三段 240 號
　　　　　發行專線─（02）2306-6842
　　　　　讀者服務專線─0800-231-705、（02）2304-7103
　　　　　讀者服務傳真─（02）2304-6858
　　　　　郵撥─ 19344724 時報文化出版公司
　　　　　信箱─ 10899 臺北華江橋郵局第 99 信箱
時報悅讀網─ www.readingtimes.com.tw
電子郵箱─ yoho@readingtimes.com.tw
法律顧問─理律法律事務所　陳長文律師、李念祖律師
印　　刷─勁達印刷有限公司
初版一刷─ 2022 年 10 月 21 日
初版二刷─ 2022 年 11 月 16 日
定　　價─新台幣 350 元
版權所有 翻印必究（缺頁或破損的書，請寄回更換）

時報文化出版公司成立於 1975 年，並於 1999 年股票上櫃公開發行，
於 2008 年脫離中時集團非屬旺中，以「尊重智慧與創意的文化事業」
為信念。

銀行理專不能說的秘密 / 周冠中作 . ── 初版 . ── 臺北市 ： 時報
文化出版企業股份有限公司 ，2022.10
　　232 面 ； 17*23 公分
　　ISBN 978-626-335-819-5(平裝)
　　1.CST：銀行業 2.CST：銀行實務
562　　　　　　　　　　　　　　　　　　　　　　111012778

ISBN 978-626-335-819-5
Printed in Taiwan